ADRIANO GEOFFREY DE GÓIS ARAÚJO

MANUAL DE CORRESPONDÊNCIA JURÍDICA

Para o Cliente;

Para o Correspondente.

• Conceitos • Aspectos formais e práticos • Experiências • Orientações • Legislação • Modelos • Jurisprudência • Honorários • Direito comparado

Copyright © 2019 Adriano Geoffrey de Góis Araújo
Todos os direitos reservados. ISBN: 9781700436085

TODOS OS DIREITOS RESERVADOS – É proibida a reprodução total ou parcial, de qualquer forma ou por qualquer meio. A violação dos direitos de autor (Lei nº 9.610/98) é crime estabelecido pelo artigo 184 do Código Penal.

FICHA CATALOGRÁFICA

A663

ARAÚJO, Adriano Geoffrey de Góis, 1977.

Manual de Correspondência Jurídica: Para o Cliente; Para o Correspondente./Adriano Geoffrey de Góis Araújo. 2019.

N de f.: 161. ; 21/26cm.

ISBN: 9781700436085

1. Brasil. 2. Direito Civil. 3. Contrato de Prestação de Serviços. 4. Correspondente Jurídico. 5. Serviços Jurídicos.

CDD 340

DEDICATÓRIA

Este livro é dedicado a todos os meus familiares que sempre apoiam meus projetos, em especial a minha esposa - Mirian Viana Cavalcante Araújo e meus dois filhos - Lucas Geoffrey Cavalcante Araújo e Débora Cavalcante Araújo, que abdicaram de tempo de convívio sem perder o entusiasmo e incentivo pela obra.

SUMÁRIO

1 - INTRODUÇÃO 9

2 - CONSIDERAÇÕES INICIAIS 10

3 - SERVIÇOS DE CORRESPONDÊNCIA OU LOGÍSTICA JURÍDICA................11

    3.1 Por que contratar um correspondente?...11

    3.2 Por que ser um correspondente? 13

4 – CONCEITOS 15

    4.1 – Serviços de Logística, Diligência ou Correspondência Jurídica 15

    4.2 – Correspondente Jurídico 17

    4.3 – Diligência Jurídica...17

5 - TIPOS MAIS COMUNS DE CORRESPONDENTES 18

    5.1 – Preposto 18

    5.2 - Advogado 19

    5.3 - Perito 19

6 - TIPOS DE DILIGÊNCIAS 20

7 – A FUNÇÃO SOCIAL E COLABORATIVA DA CORRESPONDÊNCIA JURÍDICA 22

8 - CUIDADOS AO CONTRATAR 26

    8.1 – Pelo cliente 26

    8.2 – Pelo correspondente 28

9 - OBRIGAÇÕES E DEVERES DO CLIENTE..30

10 – OBRIGAÇÕES E DEVERES DO CORRESPONDENTE 32

11 – DA PRECIFICAÇÃO DOS HONORÁRIOS...43

12 – HONORÁRIOS. VALORES DE MERCADO X TABELA DA OAB................45

13 – FORMALIZAÇÃO DO CONTRATO DE PRESTAÇÃO DE SERVIÇOS........49

14 – DO DISTRATO...52

15 – LIMITES E IMPEDIMENTOS DE CONTRATAR..56

15.1 – Pelo cliente 56

15.2 – Pelo Correspondente 58

16 - FORMAS DE PAGAMENTO DOS SERVIÇOS CONTRATADOS 63

17 - RESPONSABILIDADE DOS CONTRATANTES 65

18 - BOM SENSO E BOA FÉ CONTRATUAL 67

19 - EMPRESAS CORRESPONDENTES DIRETAS OU FACILITADORAS/INTERMEDIADORAS 71

20 - REALIZANDO AUDIÊNCIAS 73

20.1 – Pelo cliente 73

20.2 – Pelo correspondente 75

21 - REALIZANDO PROTOCOLOS E OBTENDO CÓPIAS 83

22 - DA OUTORGA DE PODERES PARA CUMPRIMENTO DA DILIGÊNCIA 89

22.1 – Pelo cliente 89

22.2 – Pelo correspondente 90

23 - DAS DESPESAS DA DILIGÊNCIA E CUSTAS PROCESSUAIS 91

24 – PROSPECÇÃO DE CLIENTES 93

25 – DIREITO COMPARADO 96

26 - JURISPRUDÊNCIAS 101

26.1 – Inexistência de vínculo empregatício 101

26.2 – Atraso no pagamento. Inexistência de danos morais. 103

Mais: Tabela da OAB serve apenas de parâmetro para o magistrado, não há vinculação. 103

26.3 – Competência da Justiça comum para interposição da ação de cobrança de honorários advocatícios de serviços de correspondência jurídica. Inexistência de vínculo empregatício. 105

26.4 – Ciência pelo advogado correspondente das decisões proferidas que integrem o processo quando do seu comparecimento aos autos 107

26.5 – Defensor dativo não é advogado correspondente 109

26.6 – É vedada a utilização de advogado correspondente para ampliação do prazo processual 111

26.7 – Contratante tem que comprovar o efetivo pagamento das diligências...114

26.8 – Despesas com advogado correspondente não se insere nas despesas processuais 115

26.9 – Restituição de prazo. Inobservância do pedido expresso de publicação exclusiva 116

26.10 – Honorários. Tabela da OAB. Correspondentes jurídicos. Contratação entre advogados e não entre cliente (Contratante ou site de facilitação/intermediação) e advogado. Inexistência de infração ética...............117

26.11 – Não pagamento dos honorários do advogado correspondente. Inexistência de infração ética. Cobrança pelos meios legais. 119

26.12 – Pedido de intimação expressa do advogado outorgante. Nulidade da intimação do advogado correspondente. 120

26.13 – Publicidade irregular. Prospecção de clientes. 122

27 – MODELOS 124

27.1 – Modelo de Recibo de Pagamento de Autônomo - RPA 124

27.2 – Modelo de Planilha de Diligências 125

27.3 – Modelo de substabelecimento com poderes específicos 126

27.4 – Modelo de autorização 127

27.5 – Modelo de Notificação Extrajudicial de cobrança de honorários 128

28 – TABELAS DE HONORÁRIOS DA OAB 129

28.1 – Tabela de honorários de correspondência da OAB/AC 129

28.2 – Tabela de honorários de correspondência da OAB/AL 131

28.3 – Tabela de honorários de correspondência da OAB/AP 134

28.4 – Tabela de honorários de correspondência da OAB/AM 135

28.5 – Tabela de honorários de correspondência da OAB/BA 137

28.6 – Tabela de honorários de correspondência da OAB/CE 138

28.7 – Tabela de honorários de correspondência da OAB/DF 140

28.8 – Tabela de honorários de correspondência da OAB/ES 141

28.9 – Tabela de honorários de correspondência da OAB/GO 142

28.10 – Tabela de honorários de correspondência da OAB/MA 143

28.11 – Tabela de honorários de correspondência da OAB/MT 144

28.12 – Tabela de honorários de correspondência da OAB/MS 145

28.13 – Tabela de honorários de correspondência da OAB/MG 146

28.14 – Tabela de honorários de correspondência da OAB/PA 147

28.15 – Tabela de honorários de correspondência da OAB/PB 149

28.16 – Tabela de honorários de correspondência da OAB/PE 150

28.17 – Tabela de honorários de correspondência da OAB/PI 151

28.18 – Tabela de honorários de correspondência da OAB/RJ 152

28.19 – Tabela de honorários de correspondência da OAB/RS 153

28.20 – Tabela de honorários de correspondência da OAB/RO 154

28.21 – Tabela de honorários de correspondência da OAB/SC 155

28.22 – Tabela de honorários de correspondência da OAB/SE 156

28.23 – Tabela de honorários de correspondência da OAB/SP 157

28.24 – Tabela de honorários de correspondência da OAB/TO 158

29 – BIBLIOGRAFIA 160

1 - INTRODUÇÃO

Esta obra visa apresentar aos juristas e interessados conceitos e procedimentos da rotina dos correspondentes jurídicos, trazendo experiências, modelos e o entendimento de nossos pretórios e da OAB sobre o tema.

Espera-se que este trabalho possa trazer uma visão conceitual e prática sobre o instrumento da Correspondência Jurídica, sendo referência na orientação dos contratantes de diligências, seja para iniciantes ou mesmo para aqueles detentores de experiência no assunto.

Destaca-se a importância colaborativa dos serviços de correspondentes para os contratantes, trazendo benefícios tanto para quem contrata quanto para quem realiza o serviço, sendo, portanto, importante instrumento social.

2 - CONSIDERAÇÕES INICIAIS

O Manual de Correspondência Jurídica é estudo que visa repassar às empresas e principalmente aos operadores do direito as experiências e padrões de procedimentos, estabelecendo conceitos, enfim, desmistificando o instituto da correspondência jurídica como ferramenta de trabalho de muitos operadores do direito.

Vivenciamos um número crescente de pessoas que desenvolvem trabalhos junto ao judiciário, seja atuando como prepostos, executando diligências para extração de cópias ou atuando como advogados. Tal fato, somado a recessão econômica dos últimos anos tem atingido diretamente os advogados, entre tantas alternativas para o enfrentamento desta realidade destaca-se o serviço de correspondência jurídica.

O trabalho de correspondentes hodiernamente é mais que uma renda extra. Para muitos, a única fonte de renda, nascendo a necessidade da especialização no assunto. Para isso, é de vital importância não só conhecer do ofício, mas saber a melhor forma de procedimento, os cuidados ao contratar e ao prestar os serviços, o empenho conjunto entre cliente e correspondente visando o melhor resultado, dentre inúmeras experiências apresentadas ao longo deste estudo.

3 - SERVIÇOS DE CORRESPONDÊNCIA OU LOGÍSTICA JURÍDICA

Os serviços de correspondência ou logística Jurídica estão cada vez mais em utilização no ordenamento jurídico. Inicialmente Este tipo de serviço era utilizado principalmente por grandes escritórios de advocacia através do contencioso em massa, hoje, encontra-se amplamente difundido, inclusive é prática recorrente por advogados individuais.

3.1 Por que contratar um correspondente?

Muitas são as vantagens de quem contrata o serviço de correspondência ou logística jurídica.

As empresas cada vez mais estão preterindo a contratação de colaboradores internos, os quais, de certa forma, realizavam o mesmo trabalho, porém, internamente, geravam uma série de procedimentos administrativos que, além de ocupar um grande número de funcionários, oneravam sobremaneira o escritório.

Outro fator preponderante para decidir pela contratação de correspondentes são os elevados custos com abertura de filiais. Relevante a economia e comodidade na contratação da advocacia de apoio ou os serviços de correspondentes jurídicos.

Trabalhar com correspondentes, organizando sua gestão não é tarefa que deve ser delegada aos colaboradores internos do escritório, para tanto empresas especializadas oferecem o serviço, com menor custo e maior efetividade.

A contratação de um correspondente se deve, basicamente, a economia com viagens e deslocamentos, além da otimização do tempo para o atendimento a clientes, peticionamento, reuniões, ênfases a atividades de maior relevância econômica e técnica.

A utilização dos serviços de qualificados profissionais correspondentes em comarcas distantes ou mesmo na sua própria comarca gera uma relação custo-benefício altamente favorável.

O serviço de diligências jurídicas oferece a terceirização das rotinas de diligências como protocolo, cópias, despachos, acompanhamento processual, entre outros.

Busca-se sempre parceiros correspondentes que proporcionem confiança em oferecer os serviços com qualidade, rapidez, menor custo e segurança aos clientes.

Crescente a busca por parcerias com correspondentes na área a ser desenvolvida a diligência, em razão do conhecimento da comarca, seja em relação aos procedimentos adotados pelos servidores e magistrados do lugar, seja em relação a legislação municipal ou estadual, favorecendo a atuação do correspondente, tornando-o uma extensão, um consultor do cliente contratante.

3.2 Por que ser um correspondente?

Bom, é inegável que a renda é o principal objetivo de quem busca trabalhar como correspondente jurídico. Podemos dizer que tem aqueles que tem como renda principal a realização do apoio jurídico, mas também tem aqueles que tem esse ramo de atividade como renda complementar ou extra.

O certo é que além de todas as vantagens para o seu crescimento profissional, o correspondente contará com uma renda a mais no final do mês. Isso é muito importante para quem está no início da carreira ou para quem tem se dedicado aos estudos para algum concurso, por exemplo.

Ampliação do networking: O serviço de correspondência amplia o contrato do correspondente com outros advogados e escritórios de advocacia, em todas as regiões do país, ampliando o alcance do seu trabalho e conseguindo mais possibilidades de emprego.

A diversidade de causas em que passa a atuar amplia consideravelmente o saber jurídico, além de que a contratação para realização de serviços nas mais diversas áreas do direito, realizando os mais variados tipos de procedimento torna o advogado de apoio mais experiente, incrementando seu currículo profissional.

4 – CONCEITOS

4.1 – Serviços de Logística, Diligência ou Correspondência Jurídica

Primeiramente, enfatiza-se que ainda não existe consenso na utilização do termo apropriado para o instituto jurídico desse tipo de serviço, alguns chamam de "advocacia de apoio", "serviços de correspondência" ou de "logística", outros simplesmente de "diligências" e certamente existem outras denominações dada a amplitude dos conceitos sobre o tema.

A OAB utiliza a nomenclatura de "correspondentes", aos prestadores de serviços aqui tratados, portanto, esta é a indicação mais apropriada, embora também seja apropriado identificar como "apoio" ou "logística". O fato é que hoje muitos são aqueles que prestam serviços de "diligências jurídicas".

Há quem dissocie os serviços de diligências dos serviços de audiência, como se fossem situações distintas. Entretanto, diligências são todos os procedimentos que possam ser objeto de contratação, incluindo-se as audiências, motivo pelo qual os serviços prestados por correspondentes são denominados simplesmente de "diligências".

O mundo das diligências é abrangente, porém, lançamos um olhar às "diligências jurídicas", deixando de lado todos os trabalhos que alheios aos profissionais do direito, como diligências de correspondentes bancários ou despachantes em geral, prestados por outros tipos de profissionais.

Adotamos então, no âmbito jurídico, a utilização do termo "serviços de diligência" como sendo o mesmo de "serviços de correspondência".

Desta forma, o serviço de "correspondente jurídico" contempla o gerenciamento e realização de diversos serviços jurídicos, necessários ao andamento processual, conforme interesse do contratante, objetivando economia e celeridade para os contratantes, bem como visando a prestação de serviços por profissional conhecedor dos trâmites e costumes da região em que atua, minimizando riscos.

Os serviços de correspondência jurídica podem ser realizados tanto internamente nos Fóruns como externamente em cartórios, instituições públicas ou privadas ou até mesmo em visitações "in locu" para constatação de endereços ou localização de pessoas e bens, etc, devido a vasta diversificação de demandas.

4.2 – Correspondente Jurídico

O termo "correspondente" é analisado nesse estudo dissociado daquele "correspondente bancário" ou "despachante", mas sim associado à pessoa que representa terceiros na realização de "diligências jurídicas".

O correspondente pode ser advogado, bacharel ou qualquer pessoa física, que realiza serviços jurídicos em favor de terceiros, estes constituídos, geralmente, por escritório de advocacia ou RH de empresas, observadas as normas éticas da OAB e procedimentais do CPC e legislações especiais.

4.3 – Diligência Jurídica

Do latim "*diligentĭa*", o termo "diligência"[1] pode ter vários sentidos - "carruagem", "agilidade", porém, nesse estudo, o termo "diligência" é analisado como sinônimo de "tarefa".

Podemos dizer, então, que "Diligência Jurídica" é todo serviço de correspondência contratado para ser realizadas no âmbito jurídico, seja ele extrajudicial ou judicial.

---

[1] *https://conceito.de/diligencia - Publicado em 2014.*

5 - TIPOS MAIS COMUNS DE CORRESPONDENTES

5.1 – Preposto

O preposto pode ser advogado ou qualquer outra pessoa não inscrita nos quadros da advocacia.

A Reforma Trabalhista acrescentou o § 3º no art. 843 da CLT, possibilitando que a empresa se faça representar por qualquer pessoa (empregado ou não) que tenha conhecimento dos fatos. ... *"§ 3º O preposto a que se refere o § 1º deste artigo não precisa ser empregado da parte reclamada."* (Incluído pela Lei 13.467/2017).

No âmbito da lei dos juizados especiais cíveis o art. 9º, § 4º, com redação dada pela Lei mº 12.137/2009, também houve a dispensa da existência de vínculo empregatício, considerando preposto a pessoa meramente credenciada, ou seja, munido de carta de preposição com poderes para transigir, sem haver necessidade de vínculo empregatício.

5.2 - Advogado

Pessoa identificada nos quadros da Ordem dos Advogados do Brasil – OAB, não inclusos os bacharéis em direito.

5.3 - Perito

O CPC em vigor define que *"a prova pericial consistem em exame, vistoria ou avaliação."* (Art. 464).

O perito é um profissional com qualificação técnica em determinado assunto, engenheiro, médico, odontólogo, etc.

Em se tratando de um correspondente jurídico, o perito atuará como elaborador de laudo privado que sirva de embasamento de pedido em ação judicial ou como na maioria dos casos, atuará como assistente técnico em processos judiciais produzindo laudos técnicos, formulando e respondendo a quesitos do juízo e das partes, nos quais podem estar envolvidos pessoas físicas, jurídicas e órgãos públicos. O laudo técnico é escrito e assinado pessoalmente pelo perito e passa a ser uma das peças (prova) que compõem um processo judicial. O perito pode ainda, ser ouvido em audiência como testemunha.

6 - TIPOS DE DILIGÊNCIAS

Protocolo físico;

Protocolo digital ou virtual;

Cópia física;

Cópia digital ou virtual;

Audiência em Procon/Decon;

Audiência em Juizado Especial na Justiça Estadual ou Federal;

Audiência trabalhista;

Audiência na Justiça Comum Estadual ou Federal;

Audiência criminal na Justiça Estadual ou Federal

Audiência de Conciliação com preposto;

Audiência de conciliação com advogado;

Audiência de conciliação com advogado e preposto;

Audiência de instrução com advogado;

Audiência de instrução com advogado e preposto;

Acompanhamento processual judicial;

Acompanhamento processual administrativo (Delegacias, Ministério Público, Decon, Procon, Receita Federal, Junta Comercial, Sefin, Sefaz, Detran, Cartórios, Demais órgãos públicos ou particulares);

Despacho com o juiz;

Acompanhamento de cumprimento de mandado com o Oficial de Justiça;

Certidão em presídios;

Certidão no Fórum;

Certidão em Cartórios;

Visitas *in locu*;

Emissão de guias *on line*;

Sustentação oral;

Parecer;

Perícia;

Levantamento de alvará;

Peticionamento;

Relatórios processuais;

Outras diligências.

7 – A FUNÇÃO SOCIAL E COLABORATIVA DA CORRESPONDÊNCIA JURÍDICA

Diz o art. 2º do Estatuto da Advocacia:

> "Art. 2º O advogado é indispensável à administração da justiça."

Em seguida, o mesmo dispositivo complementa, em seu parágrafo 1º, que:

> "§ 1º No seu ministério privado, o advogado presta serviço público e exerce função social."

A advocacia e por conseguinte os serviços jurídicos atendem, portanto, a uma função social.

A Constituição Federal de 1988 em seu art. 133 consolida a indispensabilidade do advogado à administração da justiça:

> "Art. 133. O advogado é indispensável à administração da justiça, sendo inviolável por

seus atos e manifestações no exercício da profissão, nos limites da lei."

Ao comentar o artigo TATIANE GONÇALVES MIRANDA GOLDHAR[2], aduziu que significa dizer que, *"além de atender os interesses privados de remuneração, realização de justiça e atuação no mercado jurídico, os advogados devem cumprir uma função socialmente relevante, materializando valores importantes na administração da justiça e na promoção de direitos fundamentais. Tais valores, como se sabe, foram adotados como objetivos fundamentais da República Federativa do Brasil (art. 3º)."*

Diz o Art. 3º, inciso 1 da Constituição Federal:

"Art. 3º Constituem objetivos fundamentais da República Federativa do Brasil:

I – construir uma sociedade livre, justa e solidária."

---

[2] *https://blog.sajadv.com.br/prospeccao-de-clientes-advocacia/*

A utilização de correspondentes para as diversas atividades do mundo jurídico desperta a necessidade de colaboração entre contratante e contratado em prol do resultado almejado pelo cliente.

Essa integração existente na metodologia de trabalho colaborativo vem à partir do compartilhamento de ideias, atividades e informações entre pessoas de uma maneira fácil, rápida e intuitiva onde todos estão em busca de um ou mais resultados em comum.

Visando essa colaboração mútua para obtenção do resultado positivo, todos os atos e decisões importantes para o desfecho do problema devem ser compartilhados entre os contratantes.

A função colaborativa do contrato de prestação de serviços de correspondentes jurídicos revela todo um cunho social relevante já que ajuda na boa prestação jurisdicional contribuindo para a resolução dos problemas jurídicos daqueles que não podem locomover-se para comarcas distantes seja pela distância/tempo, seja pelo ônus que os deslocamentos sugerem, sem olvidar que muitos dos trabalhos podem ser terceirizados a advogados especializados no assunto, trazendo maior segurança jurídica.

Muito embora este trabalho tenha o foco de tratar da contratação remunerada de correspondentes, não podemos deixar de mão a existência da contratação não onerosa, que desempenha mais fortemente a função social colaborativa.

Nesse sentido, falamos de ajuda profissional, especificamente quando os serviços são feitos a título não oneroso ou por sistema de troca de serviços, "tipo faz aqui que eu faço ali", ou "ajude hoje que amanhã eu te ajudo".

Este tipo de colaboração é muito difundida entre grupos específicos, geralmente privados, de whatsapp, facebook, telegran ou instaram, dentre outros. Tratam-se de círculos de pessoas em prol de um mesmo fim – ajuda mútua em determinada área do direito.

8 - CUIDADOS AO CONTRATAR

8.1 – Pelo cliente

Como toda e qualquer contratação, alguns cuidados ou prevenções são sempre importantes, no presente caso, a contratação do correspondente se faz muitas das vezes a pessoas desconhecidas pelo contratante, às vezes até mesmo através de sites de buscas.

A fim de minimizar problemas no cumprimento da diligência por deficiência técnica ou mesmo por descompromisso do correspondente contratado, é muito importante o cliente buscar maiores informações sobre o pretenso contratado, procurando saber por exemplo, de sua habilitação técnica e sobre experiências anteriores. Nesse sentido, alguns sites de intermediação ou facilitação na contratação possuem informações prévias do pretenso contratado, porém, outras formas podem ser utilizadas, tais como simples pesquisa nos sites de acompanhamento processual na localidade do contratado para saber o volume de processos e o tipo de causas em que o contratado atua.

Outro ponto a ser checado pelo contratante é a interatividade do correspondente (fluidez da comunicação, desenvoltura, objetividade, possuir diversos meios de comunicação, etc.).

Ora, sabemos o quanto é importante a comunicação na contratação de correspondentes, especialmente quando se trata de comunicações geralmente feitas de localidades diversas, distantes e que precisam de respostas rápidas e concisas.

Assim, logo nas primeiras conversas é possível perceber se o correspondente é diligente e possui a desenvoltura necessária para acompanhar realizar a diligência a ser contratada conforme as necessidades do cliente contratante.

Importante, também, observar com cautela os custos e despesas para realização da diligência a ser contratada, dentre elas, as custas cartorárias e despesas com deslocamentos, hospedagem.

Todos os atos devem ser formalizados pelas partes, para garantia da diligência na forma e modo contratado, consoante necessidade do cliente. Assim, o cliente poderá responsabilizar o correspondente por seus atos e dirimir questionamentos futuros acerca de procedimentos sobre a diligência.

É de bom tom pagar sempre que possível um preço justo para a realização do serviço contratado, sendo esta a melhor decisão para fidelizar correspondentes dedicados, competentes, experientes e confiáveis, bem como para criar estima ao correspondente contratado para a realização da diligência e para a resolução de eventuais pendências que posam ocorrer durante a realização da diligência, aliás, o que é muito comum. Deixa-se de lado aquele malsinado e equivocado pensamento de que "eu não vou fazer isso ou aquilo porque eles já me pagam pouco".

8.2 – Pelo correspondente

Os cuidados devem ser tomados pelo correspondentes antes e durante a contratação para garantir que o serviço será realizado a contento, preservando a satisfação do cliente; e após a contratação, para garantir as informações necessárias ao cliente, concluindo a demandada de modo a proporcionar o efetivo pagamento da diligência, quando esta não houver sido paga antecipadamente.

Dentre diversos cuidados, o correspondente deve observar se toda a documentação necessária para o desempenho da diligência contratada foi encaminhada pelo cliente contratante.

O correspondente deve informar ao cliente detalhes dos procedimentos da região onde atua, já que o cliente, na grande maioria das vezes é de uma outra comarca ou mesmo Estado da jurisdição. É comum, por exemplo, a diferenciação na cobrança de custas e emolumentos pelo Poder Judiciário Estadual, já que as Leis atinentes à matéria são Estaduais e consequentemente tem alíquotas e procedimentos diferentes em cada Estado.

Sempre que contratado, o correspondente deve solicitar ao cliente todas as orientações e documentos necessários para realização da diligência.

Antes de realizar qualquer diligência há a necessidade de acercar, pactuar, os valores dos honorários para realização da diligência.

Interessante mencionar que ao correspondente cabe analisar se a diligência ou atos solicitados estão dentro da legalidade para que não venha a ser responsabilizado civil ou criminalmente.

Nesse tocante é bastante importante a ênfase para o fato de que já se teve notícia de correspondente jurídico que foi condenado em litigância de má fé.

Por mais que exista um contratante que a princípio lhe diga o que fazer, o correspondente tem o dever de identificar a legalidade do que lhe é solicitado, pois, dado o caráter personalíssimo dos atos praticados, ao atuar seja como advogado ou preposto, devem ser observados os padrões sociais e legais, éticos e morais exigidos.

Além do mais, deve ser formalizada todas as comunicações, possibilitando a cobrança da diligência contratada em tempo futuro, bem como é uma forma de salvaguardar-se de eventual irresignação infundada do cliente por uma suposta falha na prestação do serviço.

9 - OBRIGAÇÕES E DEVERES DO CLIENTE

Alinhar os interesses do escritório com a empresa de logística jurídica para se alcançar os objetivos esperados.

O cliente deve propiciar todos os meios necessários para a realização dos serviços contratados.

Deve também dispor previamente sobre o pagamento das despesas e custas processuais e cartorárias, discorrendo sobre a possibilidade de reembolso ou não.

A diligência contratada deve vir acompanhada de todas as informações e orientações necessárias para a realização do ato, propiciando ao contratante mais conforme na tomada de decisões, afinal, este apenas representa os interesses do cliente e quando estes interesses estão ocultos há a maior probabilidade de não o serem representados com fidedignidade.

Algumas diligências impõe ao cliente que este forneça também ao correspondentes cópias de peças e/ou documentos processuais que facilitam o entendimento da causa pelo correspondente, possibilitando um estudo do caso antes da realização do ato.

Não se pode olvidar exigir do correspondente todos os dados pessoais para possibilitar a confecção dos documentos de representação (carta de preposto, procuração ou substabelecimento), quando necessário.

A obrigação de peticionamento, inclusive os pedidos de habilitação do correspondente é inicialmente do cliente, que pode, a seu critério, terceirizar ao correspondente.

10 – OBRIGAÇÕES E DEVERES DO CORRESPONDENTE

Cabe ao correspondente fornecer todos os dados pessoais para a confecção dos instrumentos de representação (carta de preposto, procuração ou substabelecimento), quando necessário.

A não comprovação da capacidade técnica para a realização do ato impede a cobrança dos valores contratados pelo correspondente, desde que não tenha resultado benefício ao contratante e que tenha sido prestado de boa-fé e também que a proibição não resulte de lei de ordem pública, nos moldes do art. 606 do Código Civil em vigor, *infra*:

Art. 606 do Código Civil:

> "Art. 606 - Se o serviço for prestado por quem não possua título de habilitação, ou não satisfaça requisitos outros estabelecidos em lei, não poderá quem os prestou cobrar a retribuição normalmente correspondente ao trabalho executado. Mas se deste resultar benefício para a outra parte, o juiz atribuirá a quem o prestou uma compensação razoável, desde que tenha agido com boa-fé.

Parágrafo único - Não se aplica a segunda parte deste artigo, quando a proibição da prestação de serviço resultar de lei de ordem pública."

Adverte-se que o serviço de atividades privativas de advocacia, somente poderá ser desempenhado por advogado inscrito na OAB, conforme disposto no Estatuto da Advocacia, a sua inobservância é crime:

"Art. 1º São atividades privativas de advocacia:

I - a postulação a órgão do Poder Judiciário e aos juizados especiais;

II - as atividades de consultoria, assessoria e direção jurídicas."

"Art. 3º O exercício da atividade de advocacia no território brasileiro e a denominação de advogado são privativos dos inscritos na Ordem dos Advogados do Brasil (OAB)."

O profissional contratado deverá apresentar-se com trajes apropriados e permitidos no local da realização do serviço contratado, fazer uso de postura e linguajar condizentes com a profissão, obedecendo prazos e condições de cumprimento previamente estabelecidos. Afinal, estas são exigências inerentes a profissão, transcendendo os interesses do cliente. Sem falar que muito embora esteja o correspondente representando o cliente, naquele ato em que encontra-se praticando, o correspondente está na linha de frente, sendo visto e observado, razão pela qual seu nome profissional está sendo avaliado.

Esses deveres do advogado estão elencados no parágrafo único do art. 2º do Código de Ética e Disciplina da OAB, veja:

> "Art. 2º. O advogado, indispensável à administração da Justiça, é defensor do estado democrático de direito, da cidadania, da moralidade pública, da Justiça e da paz social, subordinando a atividade do seu Ministério Privado à elevada função pública que exerce.
>
> Parágrafo único. São deveres do advogado:
>
> I – preservar, em sua conduta, a honra, a nobreza e a dignidade da profissão, zelando

pelo seu caráter de essencialidade e indispensabilidade;

II – atuar com destemor, independência, honestidade, decoro, veracidade, lealdade, dignidade e boa-fé;

III – velar por sua reputação pessoal e profissional;

IV – empenhar-se, permanentemente, em seu aperfeiçoamento pessoal e profissional;

V – contribuir para o aprimoramento das instituições, do Direito e das leis;

VI – estimular a conciliação entre os litigantes, prevenindo, sempre que possível, a instauração de litígios;

VII – aconselhar o cliente a não ingressar em aventura judicial;

VIII – abster-se de:

utilizar de influência indevida, em seu benefício ou do cliente;

b) patrocinar interesses ligados a outras atividades estranhas à advocacia, em que também atue;

c) vincular o seu nome a empreendimentos de cunho manifestamente duvidoso;

d) emprestar concurso aos que atentem contra a ética, a moral, a honestidade e a dignidade da pessoa humana;

e) entender-se diretamente com a parte adversa que tenha patrono constituído, sem o assentimento deste.

IX – pugnar pela solução dos problemas da cidadania e pela efetivação dos seus direitos individuais, coletivos e difusos, no âmbito da comunidade."

Atenção especial às audiências, sendo interessante chegar ao local com antecedência, a fim de evitar imprevistos e para que se possa repassar instruções ao preposto, quando presente ao ato.

Relevante que o correspondente pratique todos os atos contratados com afinco, buscando atingir aos objetivos traçados, fato que o elevará cada vez mais a patamares de confiança na visão do cliente, por conseguinte, atraindo mais demandas.

Para cumprir os serviços contratados com o máximo de fidedignidade, sempre que possível, o correspondente deve procurar não tomar decisões por sua conta e risco, buscando consultar previamente o cliente para somente após revelar seu posicionamento. Tal fato ocorre, por exemplo, na realização de audiências conciliatórias, quando é possível pedir licença à parte adversa e ao juízo para realizar uma ligação ao cliente a fim de buscar uma melhor solução ao litígio.

Ao contratar, geralmente os clientes apontam um prazo para resolução da questão, sendo importante o correspondente ter como meta o cumprimento dentro deste prazo, mesmo quando processualmente falando, o prazo a diligência possa ser cumprida em data posterior, afinal, estamos tratando de contrato com cláusula posta e que não pode ser quebrada, dando ênfase ao princípio do *pacta sunt servanda*. Ademais, ao contratar o correspondente tinha plena ciência das condições impostas pelo cliente e qualquer alteração nesse sentido depende de aditivo contratual que por sua vez exige apenas a ciência e concordância da parte contratante, não importando o meio desta confirmação.

Após a realização da diligência contratada é imperioso que o correspondente comprove perante o cliente a realização do ato. Sugerimos enviar atas, protocolos ou comunicados de realização já acompanhados do recibo de pagamento, otimizando a realização do pagamento.

Assim, disponibilizar meios de recebimento dos valores contratados é medida que se impõe. O correspondente além de fornecer os dados bancários para transferência de valores ou boletos de pagamento, deve emitir Recibo, Nota Fiscal, deduzindo os valores dos impostos de Lei.

O correspondente deve (não obrigação) identificar e comunicar ao cliente toda e qualquer peculiaridade do ato contratado de modo a possibilitar ao cliente a tomar decisões, descrevendo detalhes do ato que está sendo realizado no intuito de fazer com que o cliente possa idealizar, visualizar o ato, mesmo sem estar presente. Especialmente quando se tratar de audiência, importante fazer um resumo dos acontecimentos deve conter informações sobre a parte adversa, como por exemplo, se é intransigente à negociação, as condições financeiras, se houve proposta ou contra proposta de acordo mesmo que não tenha constado em ata, ou se foi arguido fato novo que possa modificar o direito postulado.

É este tipo de atitude, geralmente não contratadas, que faz o diferencial propiciando fidelização.

Salutar destacar que a obrigação de envio de documentos para realização da diligência quando se tratar de protocolo será sempre do contratante e não do correspondente, excetuando-se quando houver a contratação também nesse sentido. Portanto, o zelo de verificar eventuais incorreções nas petições e documentos encaminhados para protocolo é visto como ponto positivo pelo cliente, desde que feito com bastante moderação, limitando-se a imperfeiçoes de direcionamento do juízo, equívocos de informações como o número de processo ou qualificação de partes, enfim, desde que não seja invasivo quanto à discussão do mérito. Desse modo, a atenção desprendida pelo correspondente fará que o cliente tenha a certeza de ter ao seu lado um correspondente que se preocupa com o resultado, não limitando-se ao ato contratado, mesmo que meramente burocrático.

No dito popular diz-se que aqueles que não enxergam além, são como "burros de carga" que só conseguem olhar para frente e para os comandos de seu guia, sem se preocupar com outros percalços do caminho. O correspondente não pode ser "burro de carga".

Imprevistos surgem e é comum mudança na disponibilidade para realização de algumas diligências, seja por surgimento de doença, viagem, ou outros motivos que impossibilitem o cumprimento do contrato. Nesse caso, o correspondente deve comunicar imediatamente promovendo o distrato sem qualquer ônus, possibilitando a contratação em tempo hábil de outro correspondente. O correspondente pode tomar a iniciativa de ao comunicar o distrato já indicar um outro correspondente para a realização da diligência, demonstrando colaboração, cordialidade e comprometimento com o cliente.

Bom enfatizar que a não realização do distrato a tempo pode caracterizar a responsabilização do correspondente contratado pelos eventuais danos causados, somando-se a isso a aplicação de multa acaso prevista em contrato.

A extinção do contrato é prevista no Código Civil vigente, no art. 607:

> "Art. 607 – O contrato de prestação de serviço acaba com a morte de qualquer das partes. Termina, ainda, pelo escoamento do prazo, pela conclusão da obra, pela rescisão do contrato mediante aviso prévio, por inadimplemento de qualquer das partes ou pela impossibilidade da continuação do contrato, motivada por força maior."

O Correspondente obriga-se a manter o mais absoluto sigilo e confidencialidade no tocante aos serviços solicitados e/ou desenvolvidos, bem como sobre o conteúdo dos documentos manuseados e sobre todas as informações verbais ou escritas, registradas ou não, segredos de negócios, ou quaisquer outras informações que tiver acesso durante a vigência do contrato, sendo vedada a utilização de documentos e informações privilegiadas em benefício próprio ou de terceiros, direta ou indiretamente, e proibida a divulgação a qualquer pessoa, a qualquer tempo, sob pena de responder por perdas e danos e danos morais.

Acerca do sigilo profissional, o Código de Ética e Disciplina da OAB (Lei n° 8.906, de 04 de julho de 1994) dedicou um capítulo especialmente para tratar do assunto, *infra*:

> "CAPÍTULO III - DO SIGILO PROFISSIONAL
>
> Art. 25 O sigilo profissional é inerente à profissão, impondo-se o seu respeito, salvo grave ameaça ao direito à vida, à honra, ou quando o advogado se veja afrontado pelo próprio cliente e, em defesa própria, tenha que revelar segredo, porém sempre restrito ao interesse da causa.
>
> Art. 26 O advogado deve guardar sigilo, mesmo em depoimento judicial, sobre o que saiba em razão de seu ofício, cabendo-lhe recusar-se a depor como testemunha em processo no qual funcionou ou deva funcionar, ou sobre fato

relacionado com pessoa de quem seja ou tenha sido advogado, mesmo que autorizado ou solicitado pelo constituinte.

Art. 27 As confidências feitas ao advogado pelo cliente podem ser utilizadas nos limites da necessidade da defesa, desde que autorizado aquele pelo constituinte. Parágrafo único. Presumem-se confidenciais as comunicações epistolares entre advogado e cliente, as quais não podem ser reveladas a terceiros."

11 – DA PRECIFICAÇÃO DOS HONORÁRIOS

É fundamental que o profissional saiba aquilatar os valores dos serviços, levantando os custos para realização da diligência, por exemplo com deslocamento, estacionamento, cópias, entre outros, com margem para eventuais despesas inerentes ao serviço contratado. Por fim, deverá somar os valores referentes ao custo para realização da diligência aos honorários, estes proporcionais ao grau de dificuldade e aos dispostos na tabela da OAB, determinando o valor da diligência.

Obviamente que existem fatores subjetivos que compõe a precificação e escapam às previsões até mesmo de profissionais experientes. No entanto, isso não exclui avaliar certas questões na hora de calcular seus honorários, que ajudam o profissional a praticar preços competitivos e justos.

A forma de pagamento muitas vezes diferem de um contratante para outro, dependerá do volume de demandas ofertadas e das condições impostas pelo contratante. O pagamento da diligência poderá ser antecipado, imediatamente após o cumprimento da diligência ou em prazo mais alongado a contar do cumprimento da diligência, sendo importante acordar previamente.

O prazo para pagamento poderá implicar em majoração dos valores habitualmente cobrados, salvo quando previamente acordados em razão de contratações em grande escala, ou seja, quando o cliente, mensalmente, contrata considerável número de diligências.

Muitos escritórios contratantes possuem valores e condições de pagamento previamente estipuladas, cabendo ao contratado somente aceitá-las ou não.

O correspondente tem que ponderar também sobre a credibilidade do cliente contratante, pois nesse ramo de correspondência, não é exagero dizer que muitos escritórios contratam e não pagam pelos serviços. Este tipo de informação pode ser obtida entre colegas correspondentes, em sites de reclamação e de mal pagadores que hoje incluem escritórios mau pagadores. Para àqueles correspondentes com mais tempo de advocacia, atuantes a mais tempo, é mais comum a ciência desses mau pagadores, pelos comentários no meio jurídico, internet e grupos fechados de comunicação, tais como o whatsapp,

As tabelas da OAB sobre honorários correspondentes é uma forma de sugestão de honorários, muito embora existam nuances de cada região e de oferta-demanda que relativizam a sua utilização.

12 – HONORÁRIOS. VALORES DE MERCADO X TABELA DA OAB

A Ordem dos Advogados do Brasil – OAB, encontra-se atenta aos valores praticados para realização de serviços de correspondência jurídica. Muitas seccionais da OAB criaram tabelas de serviços de correspondência que visam a orientação dos advogados.

Vale destacar que a OAB fiscaliza somente os preceitos éticos dos advogados, nada podendo fazer em relação à contratação de serviços de não advogados para realização de diligências. Exemplificando: a contratação de prepostos para realização de audiências que dispensam a participação de advogado; a representação da parte de um modo geral; efetivar protocolos; pegar certidões cartorárias; entre outros.

Do mesmo modo, a OAB não tem qualquer gerência sobre serviços de intermediação ou facilitação praticados por terceiro, por se tratar de uma operação de duas pontas, ou seja, a contratação ocorre diretamente entre cliente e correspondente, sendo o terceiro mero elo de ligação entre as partes, muitas vezes sendo remunerado por essa tarefa.

Assim como ocorre em relação à cobrança de honorários advocatícios, os serviços de correspondência jurídica também sofrem influência direta de várias condições particulares a cada região ou mesmo contratuais, que tornam, na maioria das vezes, impossível praticar os valores sugeridos pela OAB.

Nesse modo, põe-se em prática o conceito econômico de oferta x demanda.

Oferta e demanda são as duas forças que garantem o funcionamento do mercado de correspondentes, determinando preços mediante a balança entre a quantidade de serviços oferecidos e a quantidade de mão de obra disponível para realizá-los.

Se por um lado temos grandes escritórios de contencioso, com volumes altos de demandas, em todas as regiões do país, por outro lado temos uma gama de advogados e bacharéis que não encontram lugar no mercado da advocacia privada, passando a realizar diligências jurídicas como forma de complementar a renda. A exceção aqui são as empresas especializadas em diligências jurídicas, as quais já possuem toda uma estrutura voltada para este tipo de serviço, por isso se sobressaem e tem como atividade exclusiva a correspondência jurídica.

Em que pese posicionamentos contrários, um fato é certo, o preço vil deve ser combatido veementemente, valorando o profissional. No entanto, exigir a contratação por valores tabelados não nos parece, a *priori*, a medida mais sensata à sobrevivência desse segmento de logística jurídica, limitando a área de atuação dos advogados.

Muitos estados brasileiros já dispõe de tabela de honorários para correspondentes, algumas colacionadas ao fim deste trabalho.

As tabelas são geralmente formuladas tomando por base percentuais médios e os valores mínimos de honorários, praticados pela classe, para efeito de aplicação do art. 22, § 2º da Lei 8.906/94 e como fonte de referência, para que o advogado possa estimar o *quantum* a cobrar e a extensão de seus serviços profissionais, sendo lícita a cobrança em valores superiores aos nela constantes, desde que, observadas as normas pertinentes, em especial, o Código de Ética e Disciplina.

O advogado poderá contratar valor distinto ao previsto nas Tabelas oficiais, entretanto, deve observar os limites do Código de Ética da OAB e considerar:

> I – a relevância, o vulto, a complexidade e a dificuldade das questões versadas;
>
> II – o trabalho e o tempo necessários;
>
> III – a possibilidade de ficar o advogado impedido de intervir em outros casos, ou de se desavir com outros clientes ou terceiros;
>
> IV – o valor da causa, a condição econômica do cliente e o proveito para ele resultante do serviço profissional;

V – o caráter da intervenção, conforme se trate de serviço a cliente avulso, habitual ou permanente;

VI – o lugar da prestação dos serviços, fora ou não do domicílio do advogado;

VII – a competência e o renome do profissional;

VIII – a praxe do foro sobre trabalhos análogos.

De bom tom observar que o correspondente ao contratar, deverá atentar-se para que o valor da contratação seja suficiente para cobrir todas as despesas fixas, dentre elas, energia, combustível, telefone, estacionamento, tempo de serviço, depreciação do veículo (se próprio), alimentação, hospedagem, cópias xerográficas, etc.

Ao cobrar os honorários, o contratado deve pesar a responsabilidade que lhe é atribuída, observadas as nuances do contrato de prestação de serviços que se firma, tendo a ciência que o correspondente será o responsável pela inexecução parcial ou total do contrato, podendo vir a arcar como respectivo ônus, razão pela qual deve haver a ponderação no momento da precificação dos honorários.

Outro ponto a ser considerado é subjetivo e personalíssimo, é a capacidade de cada correspondente, medindo-a através do seu conhecimento, competência, habilidade, aptidão, prática, experiência, maestria, perícia, técnica, saber-fazer, etc.

13 – FORMALIZAÇÃO DO CONTRATO DE PRESTAÇÃO DE SERVIÇOS

O Contrato de prestação de serviços é o negócio jurídico, bilateral, oneroso, pelo qual uma das partes (prestador) se obriga a realizar uma atividade em benefício de outra (tomador).

O art. 594 do Código Civil define a prestação de serviço como:

> "Art. 594 – Toda a espécie de serviço ou trabalho lícito, material ou imaterial, pode ser contratada mediante retribuição".

É recomendável ao advogado, antes da aceitação do mandato, contratar honorários previamente, por escrito, observadas as prescrições contidas no Estatuto da Advocacia, no Regulamento Geral do Estatuto da Advocacia e da OAB e, no Código de Ética e Disciplina da OAB Art. 2º.

É aconselhável incluir no contrato de prestação de serviços as seguintes cláusulas:

I – qualificação das partes;

II – o valor dos honorários, a forma de pagamento, inclusive no caso de acordo entre os litigantes;

III – o índice de correção dos honorários advocatícios;

IV – a delimitação dos serviços a serem prestados, bem como a possibilidade de majoração dos valores ou estipulação de novos em caso de aumento dos atos judiciais necessários;

V – dispor sobre custas e despesas processuais;

VI – possibilidade de substabelecimento;

VII – se o advogado poderá compensar ou descontar os honorários contratados de valores que devam ser entregues ao constituinte ou cliente (art. 35, § 2º, do Código de Ética).

A formalidade é essencial para prevenir problemas futuros, em especial no tocante a execução dos serviços e o respectivo pagamento.

Acontece que na urgência pelo cliente de contratar e devido a ansiedade do contratado em receber a contraprestação pelo serviço, deixa-se de lado a formalização do contrato de prestação de serviços.

O contrato pode ser firmado de várias formas, até verbal, entretanto, o contrato escrito é praticamente inquestionável pois contém os termos e condições com a ciência das partes através de suas assinaturas, que tornam o contrato legalmente seguro, um negócio jurídico perfeito.

É comum nas contratações de prestadores de serviços de correspondência jurídica, o pacto se dá através de solicitações por e-mail ou mesmo whatsapp. Essa prática permite agilidade e menos formalismo nas contratações, no entanto, não se pode deixar de apresentar nessas conversas as cláusulas e condições mínimas para a consecução do ato, evitando-se discussões futuras.

Entendemos que toda contratação deve conter pelo menos a identificação das partes, o serviço a ser realizado, o prazo para realização do serviço, o valor da contratação e a forma de pagamento.

14 – DO DISTRATO

Como mencionado já em tópico anterior, após a contratação surgem imprevistos e é comum haver mudança na disponibilidade para realização de algumas diligências, seja por surgimento de doença, viagem, ou qualquer outro motivo que impossibilite o cumprimento do contrato. Nesse caso, já dissemos que o correspondente deve comunicar urgentemente ao cliente para que este possa distratar a obrigação sem qualquer ônus, possibilitando a contratação em tempo hábil de outro correspondente para o ato.

O correspondente pode tomar a iniciativa de ao comunicar o distrato já indicar um outro correspondente para a realização da diligência, é um sinal de colaboração, cordialidade e comprometimento para como cliente, mas isso não o exime de responsabilidades contratuais.

A não realização do distrato consensual a tempo pode caracterizar a responsabilização do correspondente contratado pelos eventuais danos causados, somando-se a isso a aplicação de multa acaso prevista em contrato.

A extinção do contrato é prevista no Código Civil vigente, no art. 607:

> "Art. 607 – O contrato de prestação de serviço acaba com a morte de qualquer das partes. Termina, ainda, pelo escoamento do prazo, pela conclusão da obra, pela rescisão do contrato mediante aviso prévio, por inadimplemento de qualquer das partes ou pela impossibilidade da continuação do contrato, motivada por força maior."

Aviso prévio é a comunicação prévia de que a prestação de serviço não prosseguirá, de forma que a outra parte se prepare para a extinção do contrato.

O atual Código Civil prevê e disciplina o aviso prévio no art. 599:

> "Art. 599 – Não havendo prazo estipulado, nem se podendo inferir da natureza do contrato, ou do costume do lugar, qualquer das partes, a seu arbítrio, mediante prévio aviso, pode resolver o contrato.
>
> Parágrafo único – Dar-se-á o aviso:
>
> I – com antecedência de oito dias, se o salário se houver fixado por tempo de um mês, ou mais;

II – com antecipação de quatro dias, se o salário se tiver ajustado por semana, ou quinzena;

III – de véspera, quando se tenha contratado por menos de sete dias."

Conforme se depreende, o prazo do aviso prévio varia conforme o prazo de vigência do contrato.

Não havendo no contrato cláusula de estipulação expressa de prazo, poderá esse ser adotado segundo os costumes locais ou em decorrência da sua natureza.

Em se tratando de uma prestação continuada ou em etapas, podemos dizer que o pagamento dos serviços deve corresponder à parte cumprida.

Tal regra pode ser interpretada a partir do texto do art. 600 do Código Civil, *in verbis*:

"Art. 600 – Não se conta no prazo do contrato o tempo em que o prestador de serviço, por culpa sua, deixou de servir."

Desse modo, o prestador não poderá cobrar retribuição de período em que por sua culpa deixou de servir.

Isso no caso de não haver pacto em sentido diverso (onde ocorreria a autonomia da vontade das partes).

15 – LIMITES E IMPEDIMENTOS DE CONTRATAR

15.1 – Pelo cliente

É bem verdade que nesse tipo de contratação sempre irão existir riscos, já que o seu trabalho está sendo confiado a terceiros, no entanto, cabe ao cliente minimizar estes riscos, tomando os cuidados necessários, básicos.

A constatação da capacidade e competência técnica do correspondente é medida que se impõe para evitar a contração de pessoa não qualificada para realizar a diligência, especialmente quando se tratar de atos mais complexos ou de ritos especiais, tais como as audiências de instrução, procedimentos na área criminal, tributária, previdenciária, aduaneiro, internacional, etc.

Merece atenção também quando são feitos os primeiros contatos com o correspondente e este não é diligente ou não presta informações claras, com segurança sobre a matéria ou procedimento em pauta. Ora, se inicialmente o correspondente já não responde à altura, quem dirá durante a realização da diligência!

O cliente deve exigir ao contratado a comprovação da realização da diligência contratada, seja através do fornecimento da ata de audiência, protocolos, cópias, certidões, etc., ou justificativa de não poder tê-la realizado, solicitando, por exemplo, a portaria de suspensão do expediente, certidões de comparecimento ao local, certidão de redesignação da audiência, etc.

Sempre que o pagamento for feito a depender do resultado positivo da diligência, é importante constar em contrato esta cláusula, pois não é a regra. A regra é o correspondente cumprir o ato independente do resultado. Como exemplo podemos citar as diligências de despacho com o juiz, onde não devido ao poder interpretativo e subjetivo do magistrado ao julgar, pode decidir de qualquer modo, independendo da qualificação do profissional que irá realizar a diligência para agilizar o despacho.

A não especificação em contrato que o pagamento se dará com o resultado da diligência favorável à tese do cliente, obrigará este a pagar a diligência somente com a comprovação do ato de despachar com o magistrado, que se dará de formas mais variadas, no entanto, devido a impertinência de solicitar certidão de comparecimento e despacho com o magistrado, sedará apenas com informações resumidas do teor da conversa, citando nomes e acontecimentos marcantes acontecidos no ato, se possível como posicionamento repassado pelo magistrado na oportunidade e com a estimativa de prazo para que aconteça o despachado.

15.2 – Pelo Correspondente

Apesar de representar os interesses do cliente quando da realização da diligência, o correspondente possui obrigações legais de seguir as condutas do Estatuto da Advocacia e da OAB e do Código de Ética, bem como para com a legislação cível e penal, por isso, dado o caráter autônomo desse tipo de contrato, a recusa à contratação deve ser regra quando a mesma for solicitada fora dos preceitos da legalidade, moralidade, honestidade, dignidade da pessoa humana e da ética.

No Estatuto da Advocacia e da OAB (Lei nº 8.906/1994), no seu artigo 34, inciso VI, encontra-se disposto:

> "advogar contra literal disposição da lei, presumindo-se a boa-fé quando fundamentado na inconstitucionalidade, na injustiça da lei ou em pronunciamento judicial anterior";

Para realização das diligências muitas vezes há a necessidade de habilitação processual, por isso, imprescindível discorrermos sobre a formalização da representação do advogado correspondente para realização dessas diligências. O instrumento formal quase sempre é um substabelecimento, podendo ser uma procuração.

Quando a outorga de poderes se dá através do substabelecimento, resta subentendido que o advogado patrocinador da causa está ciente da participação do correspondente.

O problema, porém, se dá quando o cliente outorga poderes através de instrumento procuratório onde já existe um processo em curso com advogado constituído nos autos. Nesse caso, o correspondente/substabelecido deve ter o cuidado de cientificar-se da ciência do causídico já habilitado nos autos, salvo por motivo justo ou urgente, sob pena de cometer infração ética, consoante preceitua o art. 11 do Código de Ética e Disciplina da OAB, veja:

> "Art. 11. O advogado não deve aceitar procuração de quem já tenha patrono constituído, sem prévio conhecimento deste, salvo por motivo justo ou para adoção de medidas judiciais urgentes e inadiáveis."

O artigo retro citado excetua os casos justos e urgentes e inadiáveis. Para não fugir do foco deste trabalho, apenas citaremos alguns casos excepcionais, são eles: não localização do advogado da causa após exaustiva tentativa; para interposição de medida liminar quando impossibilitado o contato; revogação de poderes por desavença; negativa de confecção de substabelecimento, dentre outros.

O correspondente também deve se abster de contratar demandas quando constatar qualquer causa de impedimento ou suspeição, como por exemplo quando tiver interesse pessoal na causa ou quando for patrono da parte adversa mesmo que em causas distintas ou, ainda, quando houver algum grau de parentesco ou relação de negócio com o juiz da causa ou autoridade administrativa.

As abstenções de patrocínio de causa estão explícitas no art. 2°, parágrafo único, inciso VIII, alínea "e", do Novo Código de Ética da OAB, veja:

> "Art. 2º. O advogado, indispensável à administração da Justiça, é defensor do estado democrático de direito, da cidadania, da moralidade pública, da Justiça e da paz social, subordinando a atividade do seu Ministério Privado à elevada função pública que exerce.
>
> Parágrafo único. São deveres do advogado:
>
> VIII – abster-se de:

utilizar de influência indevida, em seu benefício ou do cliente;

b) patrocinar interesses ligados a outras atividades estranhas à advocacia, em que também atue;

c) vincular o seu nome a empreendimentos de cunho manifestamente duvidoso;

d) emprestar concurso aos que atentem contra a ética, a moral, a honestidade e a dignidade da pessoa humana;

e) entender-se diretamente com a parte adversa que tenha patrono constituído, sem o assentimento deste.

IX – pugnar pela solução dos problemas da cidadania e pela efetivação dos seus direitos individuais, coletivos e difusos, no âmbito da comunidade."

O correspondente deve evitar realizar diligências a preço aviltante. O fato é que o mundo capitalista e as crises econômicas intermináveis impõem, muitas vezes, equivocadamente, a busca a todo custo do lucro. É um desprestígio com a classe e para com o próprio correspondente que se sujeita a isso. É um erro que já discutimos mais detidamente no tópico que trata "da precificação dos honorários".

Outro ponto a ser considerado é subjetivo e personalíssimo, é a capacidade de cada correspondente, medindo-a através do seu conhecimento, competência, habilidade, aptidão, prática, experiência, maestria, perícia, técnica, saber-fazer, etc.

Por tratar-se de contrato personalíssimo, é imprescindível que o correspondente contratante realize pessoalmente os serviços contratados, até mesmo porque em muito dos casos há a necessidade de habilitação para o ato a ser praticado, com a apresentação de procuração ou carta de preposto ou autorização. Desse modo, qualquer subcontratação deve ser cientificada ao cliente que deve concordar.

16 - FORMAS DE PAGAMENTO DOS SERVIÇOS CONTRATADOS

Ao contratar as partes devem eleger a moeda nacional, mediante o pagamento por quaisquer dos títulos creditícios válidos em nosso ordenamento jurídico.

Em se tratando de correspondentes, o mais comum é o pagamento da diligência após a realização e comprovação do ato, muito embora, o mais sensato seria o pagamento antecipado.

Há mecanismos/sistemas na internet que realizam a intermediação da contratação de correspondentes, inclusive, retendo o valor da contratação do cliente quando este confirma a contratação e liberando em favor do correspondente quando o cliente confirma a realização a contento da diligência. Entendemos que este é o meio mais seguro de contratar, pois nesse tipo de operação existe a segurança para o correspondente, uma vez que terá a certeza de recebimento tão logo realize a diligência contratada; por sua vez é uma segurança para o cliente que desburocratiza a contratação e tem a certeza que a diligência somente será paga se cumprida como determinado, além de incentivar o cumprimento da diligência a contento pelo correspondente, que sabe já está com o seu dinheiro esperando a conclusão, assim o cliente otimiza tempo e minimiza problemas advindos de contratações aleatórias.

Lembramos, porém, que os sites mais completos de facilitação/intermediação na contratação de correspondentes cobram uma taxa pelo serviço prestado, muitas vezes impondo ao cliente contratante e ao correspondente contratado o cadastro e a respectiva ciência das cláusulas e condições da intermediação ajustada.

17 - RESPONSABILIDADE DOS CONTRATANTES

O artigo 389 do CC, estabelece:

> "Não cumprida a obrigação, responde o devedor por perdas e danos, mais juros e atualização monetária segundo índices oficiais regularmente estabelecidos, e honorários de advogado".

A parte responsável pelo não cumprimento da obrigação contratual responderá por perdas e danos, assim, o correspondente pode ser responsabilizado por não cumprir a diligência fielmente ao contratado, bem como o cliente pode ser responsabilizado pelo não pagamento conforme contratado.

Na responsabilidade contratual, ocorre a celebração de um contrato pautado na vontade das partes, capaz de gerar direitos e deveres aos contratantes, o ilícito contratual decorre do inadimplemento ou mora no cumprimento da obrigação imposta.

Os contratos possuem obrigações principais e acessórias, esta última também denominada obrigações laterais de cumprimento, o seu descumprimento consiste num fato gerador de responsabilidade. No entanto, a quebra das obrigações laterais de cumprimento possui ampla influência do princípio da boa-fé aplicado ao direito contratual brasileiro, através dele é possível responsabilizar a parte que não cumpriu com a obrigação inicialmente estipulada, em razão da expectativa instituída com a celebração do contrato. O presente artigo visa analisar aspectos da responsabilidade civil, estabelecer quais são as obrigações laterais de cumprimento, bem como aplicar o instituto da responsabilidade civil na quebra das obrigações laterais de cumprimento nos contratos firmados.

18 - BOM SENSO E BOA FÉ CONTRATUAL

Muito embora seja um instituto bastante antigo, o contrato é o meio mais eficaz ainda nos dias atuais para cientificar e registar o interesses das partes alusivo ao negócio entabulado.

O advento do Código Civil de 2002 consolidou no ordenamento jurídico o que já era objeto de discussão nos tribunais, a aplicação da boa-fé aos contratos sem deixar desapercebido a função social do contrato, provocando equilíbrio entre as partes.

No caso vertente, demonstrada está a inexistência da boa fé objetiva, conforme nos ensina, CLÁUDIA LIMA MARQUES[3], *verbis*;

> "A relação contratual nada mais é do que um contrato social, um contrato na sociedade que une, vincula pessoas, onde necessariamente não se pode esquecer ou desrespeitar deveres gerais de conduta, os deveres de atuação conforme a boa fé e conforme o direito.

---

[3] MARQUES, Cláudia Lima. *Contratos no Código de Defesa do Consumidor: O novo regime das relações contratuais*, São Paulo: Editora Revista dos Tribunais, 6ª Edição, 2011. P. 108.

Liberar os contratantes de cumprir seus deveres gerais de conduta significaria que na relação contratual os indivíduos estão autorizados a agir com má fé, a desrespeitar os direitos do parceiro contratual, a não agir lealmente, a abusar do exercício dos seus direitos contratuais, a abusar de sua condição contratual preponderante, autorizando a vantagem excessiva ou lesão do parceiro contratual somente porque as partes firmaram um contrato, escolhendo-se mutuamente de maneira livre no mercado.

A relação contratual não libera os contratantes de seus deveres de agir conforme a boa fé e os bons costumes, ao contrário, a vinculação contratual os impõe, os reforça.

A lógica e o direito impõem que nesses contratos sociais, nesses processos sociais, de inegável relevância jurídica, que são os contratos, os parceiros contratuais devem também observar seus deveres de conduta, devem tratar o outro com lealdade e respeito, não danificar o patrimônio do próximo."

O artigo 422 do Novo Código Civil reza em favor da aplicação do princípio da Boa Fé Objetiva aos contratos, infra:

> "Art. 422 do CC. Os contratantes são obrigados a guardar, assim na conclusão do contrato, como em sua execução, os princípios de probidade e boa-fé".

A quebra das obrigações laterais de cumprimento nos contratos gera a responsabilidade civil. Assim, NELSON ROOSENVALD e CRISTIANO CHAVES[4], conceituam responsabilidade:

> "O adjetivo responsável arrasta em seu séquito uma diversidade de complementos: alguém é responsável pelas consequências de seus atos, mas também é responsável pelos outros, na medida em que estes são postos sob seu encargo ou seus cuidados e, eventualmente, bem além dessa medida. Em última instância, somos responsáveis por tudo e por todos."
> (CHAVES, ROOSENVALD, 2015, p. 05)

---

[4] *CHAVES, ROOSENVALD, 2015, p. 05*

Nas relações contratuais devem estar presentes todos seus requisitos seja na fase pré-contratual e pós-contratual, devendo as partes manterem a boa-fé subjetiva e objetiva que originou o contrato.

Durante toda a relação contratual, os problemas ou casos omissos serão resolvidos, em comum acordo pelas partes, fazendo uso do bom senso, com observância nos costumes da contratação de terceirizados, bem como na aplicação de legislação correlatas.

19 - EMPRESAS CORRESPONDENTES DIRETAS OU FACILITADORAS/INTERMEDIADORAS

Existem diversas empresas que realizam a intermediação na contratação de correspondentes.

Entendemos que este é o meio mais seguro de contratar, pois nesse tipo de operação existe a segurança para o correspondente, uma vez que terá a certeza de recebimento tão logo realize a diligência contratada; por sua vez é uma segurança para o cliente que desburocratiza a contratação e tem a certeza que a diligência somente será paga se cumprida como determinado, além de incentivar o cumprimento da diligência a contento pelo correspondente, que sabe já está com o seu dinheiro esperando a conclusão, assim o cliente otimiza tempo e minimiza problemas advindos de contratações aleatórias.

Estas empresas de facilitação/intermediação possuem mecanismos/sistemas, avançados de cadastro de usuários, busca e avaliação de correspondentes e controle de pagamentos, inclusive, neste último caso, possibilitando a retenção do valor da contratação do cliente quando este confirma a contratação e liberando em favor do correspondente quando é confirmada a realização a contento da diligência.

As empresas correspondentes diretas tem responsabilidades para com o contrato de prestação de serviços, responsabilizando-se por seus correspondentes; já as empresas de facilitação ou intermediação não, pois, como o nome já diz tudo, apenas facilitam ou intermediam a contratação dos correspondentes mediante o pagamento de uma taxa ou percentual da contratação. Nesta última modalidade, todas as diretrizes são repassadas exclusivamente pelo cliente diretamente ao correspondente, na qualidade de executor do serviço contratado, portanto, a responsabilização do serviço prestado é do executor do serviço e a de pagamento é do cliente contratante, nunca podendo ser repassada à empresa intermediadora/facilitadora.

20 - REALIZANDO AUDIÊNCIAS

20.1 – Pelo cliente

A realização das audiências certamente é uma das grandes preocupações dos clientes, pois transferir a responsabilidade de atos dessa natureza requer cuidado redobrado, afinal numa audiência, em especial de instrução, pode ser definido o direito postulado.

O cliente deve fornecer diretrizes para a realização da audiência. Sendo de conciliação, quando possível, deve enviar mais de uma proposta de acordo ou simplesmente informar da impossibilidade de transigir; Sendo de instrução, tem que informar os pontos controvertidos da causa e questionamentos a serem reproduzidos em audiência.

Em qualquer caso, o cliente deve lembrar que o correspondente ao estar presente na audiência, é a pessoa mais qualificada para decidir sobre a oitiva ou não de depoimento pessoal e testemunhas, bem como para fazer perguntas complementares, tudo a depender do que está ocorrendo naquele instante e diante da impossibilidade de contato com o cliente. Por isso deve haver uma flexibilização por parte do cliente em relação ao correspondente, tanto no ato da contratação quanto na fiscalização dos serviços realizados.

Instruir o correspondente pode ser a garantia de que a audiência será realizada o mais próximo possível dos interesses do cliente, por isso é determinante que o cliente forneça previamente cópia das peças e documentos do processo para que o correspondente possa estudar o caso com mais afinco.

Após realização da audiência, o cliente deve cobrar a cópia do termo de audiência e lê-lo atentamente, para verificar prazos pendentes, bem como inteirar-se de todas as situações ocorridas.

Não é irrelevante frisar que os prazos processuais que restarem fixados na audiência não são responsabilidade do correspondente, que apenas se obrigou por realizar a audiência. Os atos dela decorrentes são de obrigação do cliente que podem ser objeto de nova contratação.

O cliente quando representar mais de uma parte no processo, deverá contratar dois prepostos, um para cada parte, facultando a contratação de um ou mais advogado, sempre que não houver conflito de interesses nas teses das partes representadas pelo cliente.

20.2 – Pelo correspondente

Quase todas as diligências contratadas necessitam da habilitação processual do correspondente, não é diferente em relação às audiências, razão pela qual é imprescindível que o correspondente forneça os seus dados pessoais para confecção dos instrumentos de mandado, procuração, substabelecimento ou carta de preposto.

Com a confecção do instrumento de mandado o advogado ou preposto fica habilitado para realizar a audiência. Acontece que processualmente falando o documento de mandado deve estar protocolado nos autos do processo, tarefa que inicialmente cabe ao cliente, no entanto, pode ser delegada ao correspondente.

É comum ao contratar a realização de uma audiência, o cliente enviar a documentação necessária para protocolo (defesa, documentos de comprovação e documentos pessoais) pelo advogado que participará do ato. Embora entendamos que são diligências distintas e que por esse motivo devam ser cobradas separadamente, na grande maioria das vezes o valor de contratação proposto pelo cliente já embute todos esses procedimentos. Desse modo, a fim de evitar querelas futuras, é imprescindível que haja acerto expresso entre as partes sobre os valores a serem praticados para realização da audiência, detalhando as tarefas a serem realizadas, inclusive esmiuçando se o ato já se o mesmo já contempla a diligência de protocolo ou se esta será paga em apartado.

É bastante percuciente informar-se sobre o local da diligência, evitando imprevistos com o deslocamento ou mesmo de dirigir-se ao local errado. Não é incomum a mudança de local momentânea de alguns Fóruns devido a reformas ou reestruturação judiciária, por isso se a diligência for em local em que o correspondente não tenha o hábito de comparecer esta precaução deve ser redobrada.

Deslocar-se para o local da diligência com antecedência evita que percalços durante o trajeto impeça de chegar ao local no horário previsto. Ademais, a chegada ao local da diligência com antecedência possibilita manter contato com prepostos e testemunhas antecipadamente, instruindo-as como proceder e repassando eventuais questionamentos que serão tratados na audiência.

É muito importante que o correspondente se prepare para a realização da audiência, cobrando do cliente orientações técnicas e estudando o caso com antecedência a partir da leitura processual, especificamente da inicial e contestação, afinal, além de ter que representar os interesses e direitos do cliente com lucidez, o advogado que está na linha de frente é o correspondente que também tem que zelar pelo seu nome profissional.

Ao ser confeccionada a ata de audiência, deve o correspondente ler com atenção a mesma e pedir retificação sempre que necessário, devendo exigir que conste a qualificação das partes, a data e horários e os dados processuais (número de processo e juízo).

Na ata de audiência é sempre bom fazer constar todas as propostas e contrapropostas das partes, além dos telefones e endereços, facilitando o entendimento futuro acerca de eventual conciliação.

Importante que conste também na ata de audiência as perguntas indeferidas pelo juízo, impugnações, contraditas, assim como todos os atos que sejam importantes para dar ênfase ao direito do cliente.

É certo que ao correspondente cabe a direção da audiência no lugar do cliente. É certo também que a direção dos acontecimentos é muito volátil durante a realização da audiência e às vezes a ideia inicial da parte adversa e das testemunhas arroladas pode mudar consideravelmente.

Entrementes, o correspondente deve tentar cumprir seu ofício conforme orientações previamente repassadas pelo cliente, no entanto, utilizando-se de moderação a fim de adequar o inicial do cliente aos acontecimentos ocorrentes durante a audiência. Afinal, o cliente só tem um propósito, defender os seus interesses.

Assim, seguir roteiros pré-estabelecidos de perguntas, ouvir depoimento pessoal e testemunhas é a regra quando orientado nesse sentido pelo cliente.

Apenas em último caso decidir por praticar ato contrário às orientações prévias do cliente é a decisão correta a ser tomada pelo correspondente, o que somente pode ser feito considerando o que está sendo posto em audiência naquele momento e diante da impossibilidade de contato com o cliente. Afinal o interesse mais importante do cliente é defender sua tese e vencer o processo. Isso pode acontecer, por exemplo, quando a testemunha não souber dos fatos ou quando a mesma estiver inquinada a prejudicar o direito defendido ou mesmo quando a primeira testemunha tiver sido suficiente para comprovar os fatos alegados ou, ainda, quando a prova for da parte adversa e esta não trouxer testemunha, dentre outras situações.

Nunca o correspondente pode realizar acordo sem que haja orientação nesse sentido. Nunca o correspondente pode realizar acordo em termos diferentes ao que fora orientado, essa é uma regra que não pode ser quebrada, sob pena do correspondente ter que arcar com o ônus respectivo.

Realizado o ato da audiência, deve o correspondente fornecer o quanto antes a cópia da ata de audiência ao cliente, nunca ultrapassando o prazo de envio contratado ou, diante da impossibilidade de assim proceder, apresentar a justificativa de não ter sido realizado o ato seja por culpa do correspondente ou não.

Juntamente com a ata de audiência, é bastante relevante que o correspondente apresente um resumo dos acontecimentos, a fim de repassar ao cliente uma visão real do acontecido e para que possa o mesmo realizar agendamentos de prazos pendentes e adotar ou questionar as providencias eventualmente determinadas pelo juízo, tais como juntada de procuração ou carta de preposto, juntada de defesa, juntada de réplica, manifestação sobre documentos juntados no ato, falar sobre devoluções de AR's, etc.

Nesse tocante é bom lembrar que a intimação do correspondente em audiência é suficiente para validar o prazo estabelecido pelo juízo, não havendo obrigatoriedade de intimação do advogado cliente, acaso não conste pedido expresso de intimação nesse sentido, vejamos:

Nesse sentido segue o entendimento de nossos pretórios:

> "PROCESSUAL CIVIL. PLURALIDADE DE ADVOGADOS. AUSÊNCIA DE SUBSTABELECIMENTO E REQUERIMENTO PRÉVIO. VALIDADE DA PUBLICAÇÃO FEITA EM NOME DE UM DOS PATRONOS. VALIDADE. AGRAVO REGIMENTAL A QUE SE NEGA PROVIMENTO. APLICAÇÃO DA MULTA DO ARTIGO 557, § 2º DO CPC.
>
> 1. Pluralidade de Advogados. Validade da intimação feita apenas em nome de um deles:

existindo vários advogados constituídos pela parte, a intimação poderá ser efetivada no nome de qualquer um deles. A nulidade da intimação apenas se verificaria se tivesse ocorrido requerimento prévio para que as intimações fossem feitas no nome exclusivo daquele advogado substabelecido. Não é o que ocorre na hipótese vertente.

2. Agravo regimental a que se nega provimento.

(AgRg no Ag 647.942/PR, Rel. Ministro LUIS FELIPE SALOMÃO, QUARTA TURMA, julgado em 19/05/2009, DJe 01/06/2009)"

"AGRAVO INTERNO. INTIMAÇÃO FEITA EM NOME DE UM DOS ADVOGADOS DA PARTE. VALIDADE. ENUNCIADO 83/STJ.

Considera-se válida a intimação feita no nome de um dos procuradores do agravante conforme diversos precedentes deste Tribunal. Incide o Enunciado 83 desta Corte.

Agravo improvido.

(AgRg no Ag 1006371 / DF, Ministro SIDNEI BENETI, TERCEIRA TURMA, Dje 28/05/2008)"

"AGRAVO DE INSTRUMENTO. PLURALIDADE DE ADVOGADOS. PEDIDO EXPRESSO DE INTIMAÇÃO ESPECÍFICA EM NOME DE UM DELES. PUBLICAÇÃO EM NOME DE PROCURADOR DIVERSO. INVALIDADE DO ATO.

1. É inválida intimação efetuada em nome de apenas um dos advogados constituídos nos autos se existe pedido expresso para que a publicação seja realizada em nome de outro patrono.

2. Agravo regimental provido.

(AgRg no Ag 1255432/RJ, Rel. Ministro JOÃO OTÁVIO DE NORONHA, QUARTA TURMA, julgado em 24/08/2010, DJe 09/09/2010)"

As incompatibilidades decorrentes da suspeição e impedimentos processuais é outro ponto a ser observado pelo correspondente. Este deve observar previamente a aparição de uma dessas impossibilidades para contratar ou manifestar-se imediatamente ao tomar conhecimento da incompatibilidade.

Nesse diapasão vale uma advertência sobre um fato que acontece corriqueiramente, especialmente na justiça do trabalho e juizados especiais - é comum o cliente contratar somente o comparecimento de preposto em processos onde a realização da audiência não necessite de advogado, entretanto, também é comum que o correspondente contratado seja um advogado. Nesse tipo de contratação geralmente há a necessidade de protocolo prévio de defesa ou documentos de habilitação. Está justamente aí o problema, o advogado quando contratado para comparecer como preposto e antes realiza o protocolo virtual de petição através de seu cadastro de advogado, portanto em seu nome, impossibilita o seu comparecimento a audiência como preposto, causando então prejuízo processual.

O resultado prático é a decretação da revelia, já que o preposto que compareceu já era advogado e por isso não poderia ser considerado preposto.

Figurar na mesma causa como advogado e preposto é uma vedação legal, conforme determina o Art. 3º do Regulamento Geral da OAB, onde este aduz que *"É defeso ao advogado funcionar no mesmo processo, simultaneamente, como patrono e preposto do empregador ou cliente"*.

21 - REALIZANDO PROTOCOLOS E OBTENDO CÓPIAS

Os protocolos e cópias podem ser realizados em processos judiciais ou administrativos, físicos ou virtuais.

O judiciário possui como meta a virtualização de todos os processos judiciais, porém, sabemos que não é uma medida simples de ser adotada, pois requer a implantação de sistemas e a divulgação aos jurisdicionados, além da coordenação para digitalização dos processos já existentes. Mas o judiciário vem a cada dia atingindo a meta estabelecida, os processos estão na sua grande maioria digitalizados.

Com a digitalização, em se falando de processo judicial, a realização de expedientes de protocolos ou cópias eletrônicas é a prática mais comum, por isso, os usuários devem atentar-se para as condições necessárias impostas pelos sistemas do judiciário.

Sobre sistemas ou plataformas virtuais, temos o PJ-e, E-Saj, Projudi, Creta, etc, sendo que todos eles exigem que a máquina (computador) possua configurações mínimas.

Em se tratando de diligência de protocolo, o arquivo de petição ou documentos a ser protocolado deve estar configurado corretamente, possibilitando o envio através do sistema específico.

Outra observação importante é o fato de que esses sistemas ou plataformas necessitam de que o navegador seja adequado à sua utilização e em sua grande maioria há a indicação para utilização do "Firefox".

No caso do PJ-e, este possui um navegador exclusivo que deve ser baixado pelo usuário.

Sugerimos então, aos iniciantes, ler com atenção as informações contidas nos sites de cada sistema e adequar seu computador e os arquivos a serem protocolados a fim de possibilitar o cumprimento do ato.

É comum os clientes enviarem petições apenas no formato Word, sendo necessário que o correspondente a transforme para PDF, obedecendo ao tamanho máximo de cada arquivo, tal qual determinado pelo sistema a ser utilizado para protocolo.

Quando há o documento a ser protocolado extrapola os limites de tamanho, existem alguns programas que podem ser utilizados para reduzir esse tamanho adequando-o ao referido pelo sistema, como por exemplo o "PDF SAM", "EASYPDF", PDF ELEMENT" OU "WONDERSHARE PDF," dentre outras, que podem ser baixados em plataforma como a *"www.baixaki.com.br"* ou *"www.superdownloads.com.br"*.

O comprovante de protocolo dos processos eletrônicos muitas vezes será enviado através de e-mail, o qual pode ser redirecionado ao cliente. Mas algumas vezes a sua comprovação se dá apenas através da visualização do processo e suas movimentações processuais, como no caso do protocolo através do PJ-e.

No caso do PJ-e, por exemplo, a comprovação do protocolo para o cliente se dará através do envio pelo correspondente do "print" da tela que consta a inserção dos documentos. Esse "print" pode ser feito a partir da alguns variados comandos, desde o "print scream" ou como consta abreviado em alguns teclados de computadores "Prt Sc Sys Rq)", ou a partir de aplicativos como o "ferramenta captura" que na maioria das vezes já encontra-se instalado em seu computador. Através dessa última ferramenta, o interessado pode selecionar a parte da tela que quer "printar", diferentemente da primeira opção quando a tela toda será objeto do "print".

Por sua vez, em se tratando da obtenção de cópias eletrônicas, a mesma se dará através da opção disponibilizada para baixar os arquivos, podendo ser baixado o processo na íntegra ou apenas os arquivos selecionados.

No caso do "PROJUDI", no entanto, não existe a opção de baixar o processo na íntegra, sendo necessário que o correspondente baixe arquivo por arquivo, aumentando o trabalho para realização da diligência, a depender do tamanho do processo. Nesse caso, sugerimos o envio do "print" com a lista dos arquivos protocolados e depois o envio dos arquivos solicitados, facilitando a compreensão da ordem processual pelo cliente.

Percebe-se claramente a importância da utilização das ferramentas digitais para o correspondente no seu dia a dia.

Em se tratando de cópia de processo físico, destacamos o uso de aplicativo em celular para fotografar, armazenar e até exportar arquivos, tais como o "CAMSCAN", que possui ferramentas interessantes, dentre elas, disponibilizar o armazenamento em um único arquivo ou "lote" (termo que o aplicativo utiliza) de todo um processo.

A nova lei processual civil (inc. VI do art. 425), facilitou a vida dos advogados, por conseguinte dos correspondentes, quando aduz que o advogado habilitado ou que está se habilitando naquela oportunidade é responsável pela autenticidade daqueles documentos, *in verbis*:

> "Art. 425. Fazem a mesma prova que os originais:

VI - as reproduções digitalizadas de qualquer documento público ou particular, quando juntadas aos autos pelos órgãos da justiça e seus auxiliares, pelo Ministério Público e seus auxiliares, pela Defensoria Pública e seus auxiliares, pelas procuradorias, pelas repartições públicas em geral e por advogados, ressalvada a alegação motivada e fundamentada de adulteração."

Desta feita, entendemos dispensável a assinatura do correspondente na peça enviada digitalizada (geralmente por e-mail) pelo cliente, muito embora ainda existam serventuários desatualizados que insistem em manter a antiga prática procedimental de somente receber a via original.

Logicamente, estamos tratando de processos judiciais, portanto, havendo algum questionamento pelo juízo ou mesmo impugnação pela parte adversa sobre a legalidade ou veracidade dos documentos anexados, caberá à parte impugnada comprovar em sentido contrário, no caso o cliente, trazendo aos autos o original para confrontamento.

Outrossim, quando se tratar de processos administrativos, em sua grande maioria, deve se fazer uma advertência no que diz respeito ao envio pelo cliente de documentos que são aceitos somente na sua via original, dentre eles aqueles indispensáveis para realizar atos perante órgãos públicos ou privados que assim o exijam, tais como aqueles praticados em Cartório Civis, Detran's, etc, especialmente quando houver a necessidade de confirmação presencial ou pessoal.

Porém, a tendência é a dispensa e desburocratização dos atos administrativos, como. É o que prevê a Lei 13.726, de 2018, que trata do fim da obrigação de reconhecimento de firma, dispensa de autenticação de cópias e não-exigência de determinados documentos pessoais para o cidadão que lidar com órgãos do governo. O texto também prevê a criação do selo de desburocratização na administração pública e premiação para órgãos que simplificarem o funcionamento e melhorarem o atendimento a usuários.

22 - DA OUTORGA DE PODERES PARA CUMPRIMENTO DA DILIGÊNCIA

Primordial que ao contratar o cliente e o correspondente estabeleçam logo um elo a cientificar quem cumprirá a diligência, havendo a devida prestação das informações necessárias à habilitação processual, seja do advogado ou do preposto que irá acompanhar o ato contratado.

Em se tratando de advogado, é sabido que os instrumentos podem ser procuração ou substabelecimento, no entanto, muito cuidado deve ser tomado, consoante expomos adiante, razão pela qual sugerimos a exata delimitação dos poderes quando outorgados e com a advertência de que as publicações/intimações devam ser procedidas em nome do advogado peticionante (cliente contratante), sob pena de nulidade.

São cuidados a serem tomados na outorga de poderes:

22.1 – Pelo cliente

O cliente não deve outorgar poderes além daqueles necessários ao cumprimento da diligência, a fim de evitar que os atos processuais seguintes sejam realizados pela secretaria em nome do correspondente, o que pode ser perigoso em termos de acompanhamento processual, já que não se sabe se este correspondente fará do devido acompanhamento, até pelo fato de não haver contratação para este fim ou simplesmente porque o processo ficaria nos cuidados de um correspondente que não faz parte dos quadros funcionais do escritório cliente;

22.2 – Pelo correspondente

O correspondente não pode receber poderes em demasia, tudo para evitar a responsabilização dos atos processuais seguintes, já que uma vez habilitado indistintamente, ocasiona a responsabilização do correspondente não somente pelo ato, mas por todos os atos processuais doravante.

Inobstante a isso, mesmo com as advertências de exclusiva intimação a específico advogado ou escritório advocatício, muito comumente as secretarias intimam o correspondente outorgado. É certo que estamos diante de uma nulidade processual, no entanto, o questionamento dessa nulidade pode trazer muito mais desgaste, sendo mais conveniente a comunicação do ato ao cliente, mesmo que inicialmente não tenha havido contratação para acompanhamentos processuais após a diligência cumprida, mas essa cordialidade é o mínimo que esse espera de uma parceria que pode ser duradoura.

23 - DAS DESPESAS DA DILIGÊNCIA E CUSTAS PROCESSUAIS

Muito comumente, para a realização de determinados atos se faz necessário o pagamento de custas processuais ou cartorárias, a depender da tabela de custas e emolumentos de cada Tribunal.

Há também despesas que são inevitáveis, tais como deslocamentos (combustível, transporte, etc), hospedagem, alimentação, estacionamento, etc.

Muitas vezes se faz necessário mais de um deslocamento para cumprimento da diligência, como por exemplo, quando solicitamos uma certidão, o cartório geralmente pede para busca-la em uma outra data, tempo em que a apronta, necessitando, pois, de um segundo deslocamento.

Nesses casos, ao contratar, as partes devem acordar previamente sobre o assunto e tratar os casos específicos pontualmente. Eventuais imprevistos ou condições inesperadas devem ser expostas a nova negociação pelas partes. Desse modo, o correspondente não deve realizar pagamentos sem a autorização prévia do cliente, sob pena de não ter o respectivo reembolso.

A emissão de guias de custas e preparos é de responsabilidade do cliente, mas pode ser objeto de contratação.

Importante destacar que é de obrigação do correspondente realizar o ato contratado, portanto, havendo falha na consecução do ato, o mesmo deve ser realizado novamente sob as expensas do correspondente e se houver despesas extras, estas devem ser suportadas também pelo correspondente, seja pela sua obrigação contratual, seja pelo zelo da prestação do serviço, preservando o cliente para a contratação de diligências futuras.

24 – PROSPECÇÃO DE CLIENTES

O mercado desde há muito tempo atual já não permite que o advogado permaneça inerte no seu escritório no aguardo de algum pretenso cliente bater à sua porta solicitando seus serviços. Há a necessidade premente de buscar outros meios para prospectar clientes, sem ferir o Código de Ética da OAB.

O art. 7º do Código de Ética e Disciplina da OAB, preceitua:

> "Art. 7º É vedado o oferecimento de serviços profissionais que impliquem, direta ou indiretamente, inculcação ou captação de clientela."

Por essa norma é vedada a captação incisiva de clientes, quando a publicação vai além do mero dever de informar e esclarecer, por exemplo.

Nada obsta, porém, que seja feito prospecção de clientes sem ferir ao normativo da OAB.

Antes de mais nada, reputo como principal forma de prospectar cliente a capacitação profissional.

Porém muitos são os meios atuais de difusão do profissional. Não poderia ser diferente em relação aos advogados correspondentes.

A internet é a maior ferramenta de divulgação existente nos dias atuais. Hoje tudo é virtual, inclusive o tramite processual encaminha-se para a total virtualização.

Diversas são as redes de comunicação que setorizam pessoas por segmento ou grupo, dentre elas temos o facebook, instaram, linkedin e whatsapp.

A realização de perfis nessas redes e a constante divulgação de material relacionado ao segmento profissional almejado são essenciais para despertar o interesse de parceiros e clientes.

Especialmente em se tratando de correspondentes, ao tentar localizar um profissional um dos primeiros meios que o cliente utiliza é a rede digital.

Realizar cadastros nos mais diversos sites e sistemas de facilitação ou intermediação de correspondentes é uma excelente alternativa, pois coloca seu nome em evidência no mercado para futuras contratações.

No mais, não é demais lembrar que realizar o serviço com maestria, satisfazendo aos interesses do cliente, ainda é uma das melhores formas de obtenção de resultado, ao passo que fideliza antigos clientes e prospecta novos, devido a propagação "boa a boca" resultante da eficiência da sua atuação profissional.

25 – DIREITO COMPARADO

O instituto jurídico do Correspondente é cada vez mais difundido no cenário nacional. Já em outros países podemos dizer que igualmente existe a prática dos serviços de correspondência jurídica.

Explica-se: É inimaginável a atuação de advogados em outros países sem a realização de parcerias entre eles, em especial quando relativo a grandes bancas de advocacia e advogados de pequeno porte, especialmente considerando que lá fora, assim como aqui no Brasil, existem contratos de contencioso com grande demanda, que impõem defesas simultâneas em diversas localidades, sem falar na igual necessidade de contratação de prepostos e advogados em lugares mais distantes de modo a propiciar uma melhor defesa (devido ao advogado do local ser mais conhecedor dos costumes e procedimentos daquele lugar) e um menor custo ao cliente (não tem despesas com deslocamentos, etc).

Prova da possibilidade de praticar a correspondência jurídica em outros países é o próprio fato de seus códigos de processo e procedimentos adotarem a possibilidade de substabelecimento com reserva de poderes, a utilização de carta de preposto e a faculdade de contratação de prova técnica/pericial.

A título de comparação, vamos nos ater a legislação processual de Portugal, por um motivo peculiar, o protocolo entre a Ordem dos

Advogados do Brasil e a Ordem dos advogados de Portugal em prol dos Direitos Humanos e da Advocacia firmado desde 28 de setembro de 2010. Isso possibilita que os advogados brasileiros se inscrevam na OA por meio de um processo administrativo com a juntada de documentos legalizados (apostilados) sem realizar prova[5].

Pois bem, a previsão de substabelecimento de processos com reservas de poderes está enraizada no Código de Processo civil de Portugal – CPC – Lei 41/2013, em seu art. 44, 2, *infra*:

> "Art. 44.
>
> 2 - Nos poderes que a lei presume conferidos ao mandatário está incluído o de substabelecer o mandato." *(Grifo nosso)*

Por sua vez, o art. 50, 1, do CPC de Portugal, prevê a possibilidade de contratação de técnico para instrução do feito, veja:

> "Art. 50.
>
> 1 - Quando no processo se suscitem questões de natureza técnica para as quais não tenha a necessária preparação, pode o advogado fazer-se assistir, durante a produção da prova e a

---

[5] https://jamilejambeiro.jusbrasil.com.br/artigos/702076760/como-os-advogados-brasileiros-podem-advogar-em-portugal-e-as-perspectivas-no-mercado-de-trabalho

discussão da causa, de pessoa dotada de competência especial para se ocupar das questões suscitadas." (grifos nosso)

O CPC português estatui também em seu Código Processual Civel, a possibilidade do exercício de atos por pessoas distintas do advogado, que podem praticar atos que não levantem questões de direito, são os solicitadores e os advogados estagiários (art. 32, 2 e art. 34), conforme transcrito abaixo:

"Art. 40.

2 - Ainda que seja obrigatória a constituição de advogado, os advogados estagiários, os solicitadores e as próprias partes podem fazer requerimentos em que se não levantem questões de direito." (grifos nosso)

"Art. 42.

Nas causas em que não seja obrigatória a constituição de advogado podem as próprias partes pleitear por si ou ser representadas por advogados estagiários ou por solicitadores." (grifos nosso)

É importante destacar que a tabela de honorários da Órdem dos Advogados de Portugal estabelece, acertadamente, valores fixos para diversas demandas, porém, deixa aberta a possibilidade de serem minorados os honorários pelo advogado, constatada a habitualidade dos serviços, vejamos:

"Tabela de Honorários Mínimos, "b":

b) <u>Poderão ser aplicados mínimos inferiores aos da Tabela</u> a clientes para quem se façam habitualmente serviços." (Grifo nosso)

CUNHA RIBEIRO, no seu blog O Torto e o Direito[6], comenta sobre critérios para aplicação dos honorários em portugal, enfatizando a necessidade de aplicação da tabela de forma orientadora e não impositiva, afirmando que *"Na fixação de honorários deve o advogado proceder com moderação, atendendo ao tempo gasto, à dificuldade do assunto, à importância do serviço prestado, ás posses dos interessados, aos resultados obtidos e à praxe do foro e estilo da comarca."*

O certo é que ressalvados os costumes e a legislação processual de cada país, não encontramos óbices à prática da correspondência jurídica em outros ordenamentos jurídicos, porém, muito ainda há de se evoluir para que haja uma maior normatização acerca da prestação de serviços de correspondente jurídico.

---

6 *https://maioresde30anos.blogs.sapo.pt/tabela-de-honorarios-advogado-20469*

26 - JURISPRUDÊNCIAS

26.1 – Inexistência de vínculo empregatício

"TRT-3 - RECURSO ORDINARIO TRABALHISTA RO 01254201115203007 0001254-48.2011.5.03.0152 (TRT-3)

Jurisprudência•Data de publicação: 01/10/2012

EMENTA

ADVOGADO CORRESPONDENTE - VÍNCULO DE EMPREGO - INEXISTÊNCIA. Para a caracterização do vínculo de emprego necessária se faz a presença de todos aqueles requisitos previstos pelo art. 3º do Estatuto Consolidado, quais sejam: subordinação jurídica, onerosidade, não eventualidade e pessoalidade. Ainda que se encontrem presentes os três últimos elementos, o vínculo empregatício não será reconhecido se inexistente a subordinação jurídica - pedra de toque na relação de emprego. É o que ocorre no caso de profissionais autônomos, contratados para a prestação de serviços jurídicos, como advogados correspondentes, para atuar em audiências e em determinadas cidades, assim como na elaboração de peças processuais para empresas diversas."

"TRT-14 - RECURSO ORDINARIO TRABALHISTA RO 78500 RO 0078500 (TRT-14)

Jurisprudência•Data de publicação: 01/02/2010

EMENTA

ADVOGADA. VÍNCULO DE EMPREGO. ELEMENTOS CONFIGURADORES. RECONHECIMENTO. Não havendo prova suficiente de que a reclamante seria apenas uma "advogada correspondente", e não comprovada a tese da reclamada quanto à autonomia da obreira (art. 333, II do CPC), deve ser mantida a sentença que reconheceu a existências dos elementos caracterizadores do vínculo de emprego, na forma do art. 3º da CLT."

26.2 – Atraso no pagamento. Inexistência de danos morais.

Mais: Tabela da OAB serve apenas de parâmetro para o magistrado, não há vinculação.

"TJ-RS - Recurso Cível 71007347305 RS (TJ-RS)

Jurisprudência•Data de publicação: 20/07/2018

EMENTA

ADVOGADO CORRESPONDENTE. ATRASO NO PAGAMENTO. DANO MORAL INOCORRENTE. 1. Cuidam-se os autos de ação na qual busca o autor a cobrança por serviços prestados como advogado correspondente, além de indenização por dano moral. 2. Responsabilidade do escritório JBM Advogados: No caso concreto, percebe-se que a atividade de apoio ao escritório contratado para atuação no feito principal, foi terceirizada ao autor pela empresa Finch Soluções. Logo, o vínculo obrigacional se restringe às partes contratantes autor e Finch Soluções, ora segunda recorrida ainda que os serviços prestados tenham beneficiado diretamente o primeiro recorrido. 3. Honorários: Não obstante os argumentos utilizados pelo demandante para reforma da decisão de piso, cabe consignar que a Tabela da OAB serve tão somente como parâmetro e não vincula o

Magistrado. No caso concreto, os documentos acostados demonstram que as partes fixaram valor certo para a prestação do serviço desenvolvido pelo demandante, razão pela qual não merece prosperar a cobrança com base naquela tabela. 4. Dano moral: O atraso na realização de pagamentos, salvo comprovação de alguma excepcionalidade - que nos autos não... restou demonstrada - não configura danos morais. Ainda que se tratasse de verba alimentar, o autor não demonstrou que a ausência do pagamento lhe trouxe efetivamente prejuízo extrapatrimonial, de modo a atingir atributos da personalidade, o que se fazia necessário, por não se tratar de hipótese de danos morais in re ipsa. 5. Nesse sentido: RECURSO INOMINADO. AÇÃO DE COBRANÇA. CORRESPONDENTE JURÍDICO. INADIMPLEMENTO DA PARTE RÉ. CONTRATAÇÃO DEMONSTRADA. DESACERTO CONTRATUAL. NÃO COMPROVADA SITUAÇÃO EXCEPCIONAL DE OFENSA A DIREITO DA PERSONALIDADE OU DIGNIDADE A JUSTIFICAR INDENIZAÇÃO POR DANOS MORAIS. SENTENÇA MANTIDA. RECURSOS DESPROVIDOS. (Recurso Cível Nº 71007107022, Primeira Turma Recursal Cível, Turmas Recursais, Relator: Mara Lúcia Coccaro Martins Facchini, Julgado em 26/09/2017) 6...."

26.3 – Competência da Justiça comum para interposição da ação de cobrança de honorários advocatícios de serviços de correspondência jurídica. Inexistência de vínculo empregatício.

"TJ-PR - PROCESSO CÍVEL E DO TRABALHO Recursos Recurso Inominado RI 00066327220148160180 PR 0006632-72.2014.8.16.0182/0 (Acórdão) (TJ-PR)

Jurisprudência•Data de publicação: 13/03/2015

EMENTA

ADVOGADO CORRESPONDENTE. CONTRATO DE PRESTAÇÃO DE SERVIÇOS NA ÁREA JURÍDICA ENTRE ESCRITÓRIO DE ADVOCACIA E ADVOGADO AUTÔNOMO. INEXISTÊNCIA DE RELAÇÃO DE EMPREGO. EXTINÇÃO DO PROCESSO POR INCOMPETÊNCIA DOS JUIZADOS ESPECIAIS PARA ANÁLISE DA DEMANDA. COMPETÊNCIA DA JUSTIÇA COMUM PARA ANÁLISE DA QUESTÃO. JUIZADOS ESPECIAIS COMPETENTES PARA ANÁLISE DO CASO DIANTE DA EXISTÊNCIA DE CONTRATO FÍSICO. 1. A relação entre advogado correspondente e escritório de advocacia, não configura vínculo empregatício a menos que preenchidos todos os requisitos presentes no art. 3º da CLT. 2. Não configurada a relação de emprego no contrato envolvendo contrato de prestação de serviços de advocacia, é competência da justiça comum a demanda de cobrança de honorários. 3. Os Juizados Especiais são competentes para análise da cobrança de honorários advocatícios, envolvendo escritório de advocacia e advogado contrato (sem vínculo empregatício), desde que existente o contrato entabulado, ou elementos suficientes para análise da demanda, sem a necessidade de produção de prova complexa. 4. Sentença de extinção por incompetência cassada, restituição dos autos ao 1º grau para regular prosseguimento do feito. 5. Recurso conhecido e prejudicado, decidem os Juízes Integrantes da 1ª Turma Recursal Juizados Especiais do Estado do Paraná, por unanimidade de votos, CONHECER E DECLARAR PREJUDICADO o recurso e cassar a sentença de extinção proferida, devendo os autos serem encaminhados ao juízo a quo para regular prosseguimento do feito, nos exatos termos do vot (TJPR - 1ª Turma Recursal - 0006632-72.2014.8.16.0182/0 - Curitiba - Rel.: Liana de Oliveira Lueders - - J. 10.03.2015)"

26.4 – Ciência pelo advogado correspondente das decisões proferidas que integrem o processo quando do seu comparecimento aos autos

"TJ-ES - Agravo de Instrumento AI 00070114020138080030 (TJ-ES)

Jurisprudência•Data de publicação: 10/04/2014

EMENTA

MARIANNE JÚDICE DE MATTOS RECORRENTE: PATIOMIX LINHARES SHOPPING CENTER SPE S/A ADVOGADO: ALEXANDRE FERREIRA KINGSTON E OUTROS RECORRIDO: 3WM EMPREENDIMENTOS IMOBILIÁRIOS LTDA ADVOGADO: LEONARDO VARGAS MOURA E OUTRO RECORRIDO: WILLIAM MENELLI ADVOGADO: LEONARDO VARGAS MOURA MAGISTRADO: CINTHYA COELHO LARANJA ACÓRDÃO EMENTA: PROCESSUAL CIVIL. CARGA DOS AUTOS. ADVOGADO CORRESPONDENTE OU CONTRATADO. JUNTADA POSTERIOR DE PROCURAÇÃO COM PODERES PARA CIÊNCIA. 1. O advogado constituído pela parte, ao fazer carga dos autos, tem ciência das decisões proferidas que já integrem o processo. Precedentes do STJ. 2. É vedada a utilização de advogado correspondente para ampliação do prazo para prática de atos processuais. Vistos, relatados e discutidos estes autos, acordam os Desembargadores da QUARTA CÂMARA CÍVEL do Tribunal de Justiça do Espírito Santo, à unanimidade, inadmitir o recurso. Vitória (ES), 24 de fevereiro de 2014. Presidente DES.ª SUBST. MARIANNE JÚDICE DE MATTOS Relatora"

"TJ-PR - Agravo AGV 1521755101 PR 1521755-1/01 (Acórdão) (TJ-PR)

Jurisprudência•Data de publicação: 10/11/2016

EMENTA

CIÊNCIA INEQUIVOCA DA INTERLOCUTÓTIA RECORRIDA ATRAVÉS DE ADVOGADO CORRESPONDENTE. INTEMPESTIVIDADE.RECURSO NÃO CONHECIDO. Segundo artigo 522 do CPC o recurso de agravo de instrumento deve ser interposto até o 10º dia, contados da data em que o patrono teve ciência inequívoca da decisão que se pretende reformar. Agravo Interno desprovido. (TJPR - 16ª C.Cível - A - 1521755-1/01 - Campo Mourão - Rel.: Paulo Cezar Bellio - Unânime - - J. 26.10.2016)"

26.5 – Defensor dativo não é advogado correspondente

"TJ-PE - Apelação APL 4975933 PE (TJ-PE)

Jurisprudência•Data de publicação: 21/05/2019

EMENTA

A execução que deu origem aos embargos subjacentes ao apelo foi proposta por advogada nomeada como defensora dativa, para cobrança de valores de honorários arbitrados em seu favor, pela atuação em processos criminais, carta precatória e processo cível, que tramitaram na Vara Única da Comarca de Tamandaré. 2. Não merece acolhida a alegação do Estado de que teria se consumado a prescrição para a execução de alguns dos títulos, uma vez que não transcorreu lapso temporal superior a 5 (cinco) anos entre a data do arbitramento dos honorários e a data da execução. 3. A exequente apresentou títulos suficientes a justificar a execução - quais sejam termos das audiências e certidão referente aos processos em que o Juízo da Comarca de Tamandaré resolveu nomeá-la para atuar como defensora dativa, arbitrando a seu favor os correspondentes honorários advocatícios - e a sentença apelada registrou que a Comarca não contava com Defensor Público. 4. Não há, portanto, que se falar em nulidade seja da nomeação do defensor, seja da execução dos honorários pela atuação profissional dela derivados. 5. A atuação do defensor dativo não se equipara à advocacia de correspondência, na medida em que o advogado correspondente atua representando escritório ou colega, prestando uma atividade de suporte, enquanto o defensor dativo supre a ausência estatal na prestação de serviço essencial - a assistência judiciária gratuita aos que dela necessitam. 6. Assim, carece de respaldo a pretensão de ajuste dos honorários objeto da execução em tela aos parâmetros da advocacia de correspondência. 7. Entretanto, os valores dos honorários in casu merecem ser reduzidos, tendo em vista que a utilização da Tabela de honorários da OAB, cujo campo de aplicação natural é a remuneração de advogados escolhidos pela parte, no âmbito de relação de direito privado, não se afigura adequada para a fixação de honorários a serem suportados pelos cofres públicos, para fins de remuneração de defensores dativos. 8...."

26.6 – É vedada a utilização de advogado correspondente para ampliação do prazo processual

"TJ-ES - Inteiro Teor. Agravo de Instrumento: AI 274958520188080035

Jurisprudência•Data de publicação: 28/02/2019

Decisão: VILA VELHA - 1ª VARA CÍVEL AGRAVANTE :BANCO SAFRA S/A AGRAVADO: FARIA TRISTAO & SUEIRO DE CARVALHO ADVOGADOS...ADVOGADO CORRESPONDENTE OU CONTRATADO. JUNTADA POSTERIOR DE PROCURAÇAO COM PODERES PARA CIÊNCIA. 1.... É vedada a utilização de advogado correspondente para ampliação do prazo para prática de atos processuais..."

"Nº 70072068638 (Nº CNJ: 0417057-97.2016.8.21.7000)

2016/Cível

AGRAVO INTERNO. AGRAVO DE INSTRUMENTO. EXECUÇÃO FISCAL. INTEMPESTIVIDADE. NÃO CONHECIMENTO.

1. Alegações contidas no agravo interno que não capazes de modificar a decisão monocrática atacada, pois efetivamente intempestiva a interposição do agravo de instrumento.

2. A tempestividade é um dos requisitos extrínsecos de admissibilidade do recurso, importando em não conhecimento o seu desatendimento. No caso, não se ignora as alegações do executado, no sentido de que houve equívoco quando do protocolo de agravo de instrumento perante o 1º grau de jurisdição, em março de 2015. Descabido, por outro lado, o recebimento do recurso nesta Instância na medida em que o protocolo junto a esta Corte se deu de maneira inequivocamente intempestiva, não se havendo falar em possibilidade de convalidação do manifesto vício processual.

3. Manutenção da decisão monocrática que não conheceu do agravo de instrumento.

NEGARAM PROVIMENTO AO AGRAVO INTERNO. UNÂNIME."

"AGRAVO INTERNO. AGRAVO DE INSTRUMENTO. EXECUÇÃO FISCAL. INTEMPESTIVIDADE. NÃO CONHECIMENTO. 1. Alegações contidas no agravo interno que não capazes de modificar a decisão monocrática atacada, pois efetivamente intempestiva a interposição do agravo de instrumento. 2. A tempestividade é um dos requisitos extrínsecos de admissibilidade do recurso, importando em não conhecimento o seu desatendimento. No caso, não se ignora as alegações do executado, no sentido de que houve equívoco quando do protocolo de agravo de instrumento perante o 1º grau de jurisdição, em março de 2015. Descabido, por outro lado, o recebimento do recurso nesta Instância na medida em que o protocolo junto a esta Corte se deu de maneira inequivocamente intempestiva, não se havendo falar em possibilidade de convalidação do manifesto vício processual. 3. Manutenção da decisão monocrática que não conheceu do agravo de instrumento. NEGARAM PROVIMENTO AO AGRAVO INTERNO. UNÂNIME. (Agravo Nº 70072068638, Segunda Câmara Cível, Tribunal de Justiça do RS, Relator: Laura Louzada Jaccottet, Julgado em 28/06/2017).

(TJ-RS - AGV: 70072068638 RS, Relator: Laura Louzada Jaccottet, Data de Julgamento: 28/06/2017, Segunda Câmara Cível, Data de Publicação: Diário da Justiça do dia 04/07/2017)

FUNDAMENTAÇÃO DO VOTO DA RELATORA:

(...)

Logo, a intempestividade não pode ser atribuída à Magistrada que não acolheu o pedido de encaminhamento da petição recursal equivocadamente protocolada na origem, tampouco ao advogado *correspondente*, mas sim ao causídico que atua no feito, que deve desempenhar seu ofício com zelo e denodo, atentando-se a todas as circunstâncias.

(...)

26.7 – Contratante tem que comprovar o efetivo pagamento das diligências

RECURSO INOMINADO. AÇÃO DE COBRANÇA. SERVIÇOS ADVOCATÍCIOS DE CORRESPONDENTE. ADIMPLEMENTO DOS SERVIÇOS NÃO DEMONSTRADO. ONUS DA REQUERIDA, DE EXTINGUIR, MODIFICAR OU IMPEDIR O DIREITO DA AUTORA, A TEOR DO ART. 373, II DO CPC NÃO DESINCUMBIDO. SENTENÇA DE PARCIAL PROCEDENCIA MANTIDA. RECURSO DESPROVIDO. (Recurso Cível Nº 71007426851, Segunda Turma Recursal Cível, Turmas Recursais, Relator: Ana Cláudia Cachapuz Silva Raabe, Julgado em 28/03/2018).

(TJ-RS - Recurso Cível: 71007426851 RS, Relator: Ana Cláudia Cachapuz Silva Raabe, Data de Julgamento: 28/03/2018, Segunda Turma Recursal Cível, Data de Publicação: Diário da Justiça do dia 02/04/2018)

26.8 – Despesas com advogado correspondente não se insere nas despesas processuais

TRF-2 - AC APELAÇÃO CIVEL AC 200651014902849 (TRF-2)

Jurisprudência•Data de publicação: 10/06/2011

EMENTA

II - Os atos que a parte realizou por ato volitivo próprio - como é o caso da contratação de advogado correspondente na comarca do Rio de Janeiro, para acompanhamento processual, os gastos com fotocópias dos autos, deslocamentos ao fórum, telefonemas e correio, bem como a despesa com notificação extrajudicial enviada ao INPI - não se inserem no conceito de despesas do processo. III – Tratando-se de ação na qual se postula a declaração de nulidade de ato administrativo editado pelo INPI, a hipótese é de litisconsórcio passivo necessário entre a Autarquia e a empresa beneficiada pelo ato. IV – Apelação improvida.

26.9 – Restituição de prazo. Inobservância do pedido expresso de publicação exclusiva

AGRAVO DE INSTRUMENTO. VÍCIO NA PUBLICAÇÃO. INOBSERVÂNCIA DO PEDIDO EXPRESSO DE PUBLICAÇÃO EXCLUSIVA EM NOME DE DETERMINADOS ADVOGADOS. NULIDADE. RESTITUIÇÃO DO PRAZO. 1. Diante do pedido de exclusividade de publicação, mostra-se nula a intimação realizada em nome de advogado distinto ao postulado, inviabilizando-se a regular manifestação na lide e, em consequência, o exercício do contraditório e da ampla defesa. Precedentes. 2. Agravo provido, com a determinação de restituição do prazo constante na publicação viciada.

(TJ-DF 07157304820178070000 DF 0715730-48.2017.8.07.0000, Relator: FLAVIO ROSTIROLA, Data de Julgamento: 05/04/2018, 3ª Turma Cível, Data de Publicação: Publicado no DJE: 11/04/2018. Pág.: Sem Página Cadastrada.)

26.10 – Honorários. Tabela da OAB. Correspondentes jurídicos. Contratação entre advogados e não entre cliente (Contratante ou site de facilitação/intermediação) e advogado. Inexistência de infração ética.

TRIBUNAL DE ÉTICA E DISCIPLINA DA OAB/SP 43) E-4.603/2016 - HONORÁRIOS – CORRESPONDENTES JURÍDICOS - SITE PARA CADASTRO – CONTRATAÇÃO DIRETA ENTRE ADVOGADOS – NÃO HÁ PREVISÃO DE VALORES NA TABELA DE HONORÁRIOS DA OAB – NÃO HÁ INFRAÇÃO ÉTICA. Atualmente, os serviços profissionais de correspondentes jurídicos têm se mostrado imprescindíveis ao exercício da advocacia, gerando benefícios nas duas pontas da contratação; auxilia tanto o advogado contratante, como se mostra meio de melhorar os ganhos dos profissionais contratados. Os honorários são convencionados diretamente entre advogados, não havendo a figura do cliente nesta relação. Não existe qualquer tipo de indicação mínima de preço na tabela de honorários para as atividades do colega correspondente. Importante ressaltar que a tabela de honorários da OAB é utilizada como referência e especialmente para a relação cliente x advogado. Foi constatado que o referido site de correspondentes alerta a respeito da importância da valorização, bem como da necessidade de se coibir o aviltamento dos honorários. Também ficou claro que não há leilão entre os advogados ou qualquer distinção entre este ou aquele profissional;

apenas são disponibilizados os dados cadastrais para contato. Ademais, constatei que a ordem em que os nomes aparecem é aleatória, impedindo assim qualquer favorecimento. No que se diz respeito a eventual aviltamento dos honorários, entendo que a questão do quanto a ser cobrado é muito subjetiva e específica, sendo difícil a análise dos valores de maneira fria. V.U., em 17/03/2016, do parecer e ementa do Rel. Dr. SYLAS KOK RIBEIRO - Rev. Dr. FÁBIO TEIXEIRA OZI - Presidente Dr. PEDRO PAULO WENDEL GASPARINI.

26.11 – Não pagamento dos honorários do advogado correspondente. Inexistência de infração ética. Cobrança pelos meios legais.

TRIBUNAL DE ÉTICA E DISCIPLINA DE SÃO PAULO

Primeira Turma de Ética Profissional

HONORÁRIOS DE CORRESPONDENTE JURÍDICO – CONTRATAÇÃO DIRETA ENTRE ADVOGADOS – NÃO PAGAMENTO PELO ADVOGADO CONTRATANTE – INEXISTÊNCIA DE INFRAÇÃO – COBRANÇA VIA JUDICIAL OU VIA CÂMARA DE MEDIAÇÃO, CONCILIAÇÃO E ARBITRAGEM DA OAB. O simples fato de não pagar os honorários advocatícios, sem que tenha havido o descumprimento das normas dispostas em qualquer dos incisos do artigo 34, do Estatuto da Advocacia, não caracteriza infração à Ética, cabendo ao advogado credor, como mencionado pelo próprio consulente, tomar as medidas judiciais cabíveis, ou ainda, apresentar à Câmara de Mediação, Conciliação e Arbitragem da OAB quaisquer dos procedimentos previstos no art. 71, inciso VI, letra b, do CED. Proc. E-4.830/2017 - v.m., em 17/08/2017, do parecer e ementa da Rel. Dra. CÉLIA MARIA NICOLAU RODRIGUES, com declaração de voto parcialmente divergente a Rev. Dra. RENATA MANGUEIRA DE SOUZA - Presidente Dr. PEDRO PAULO WENDEL GASPARINI.

26.12 – Pedido de intimação expressa do advogado outorgante. Nulidade da intimação do advogado correspondente.

"PROCESSUAL CIVIL. PLURALIDADE DE ADVOGADOS. AUSÊNCIA DE SUBSTABELECIMENTO E REQUERIMENTO PRÉVIO. VALIDADE DA PUBLICAÇÃO FEITA EM NOME DE UM DOS PATRONOS. VALIDADE. AGRAVO REGIMENTAL A QUE SE NEGA PROVIMENTO. APLICAÇÃO DA MULTA DO ARTIGO 557, § 2º DO CPC.

1. Pluralidade de Advogados. Validade da intimação feita apenas em nome de um deles: existindo vários advogados constituídos pela parte, a intimação poderá ser efetivada no nome de qualquer um deles. A nulidade da intimação apenas se verificaria se tivesse ocorrido requerimento prévio para que as intimações fossem feitas no nome exclusivo daquele advogado substabelecido. Não é o que ocorre na hipótese vertente.

2. Agravo regimental a que se nega provimento.

(AgRg no Ag 647.942/PR, Rel. Ministro LUIS FELIPE SALOMÃO, QUARTA TURMA, julgado em 19/05/2009, DJe 01/06/2009)"

"AGRAVO INTERNO. INTIMAÇÃO FEITA EM NOME DE UM DOS ADVOGADOS DA PARTE. VALIDADE. ENUNCIADO 83/STJ.

Considera-se válida a intimação feita no nome de um dos procuradores do agravante conforme diversos precedentes deste Tribunal. Incide o Enunciado 83 desta Corte.

Agravo improvido.

(AgRg no Ag 1006371 / DF, Ministro SIDNEI BENETI, TERCEIRA TURMA, Dje 28/05/2008)"

"AGRAVO DE INSTRUMENTO. PLURALIDADE DE ADVOGADOS. PEDIDO EXPRESSO DE INTIMAÇÃO ESPECÍFICA EM NOME DE UM DELES. PUBLICAÇÃO EM NOME DE PROCURADOR DIVERSO. INVALIDADE DO ATO.

1. É inválida intimação efetuada em nome de apenas um dos advogados constituídos nos autos se existe pedido expresso para que a publicação seja realizada em nome de outro patrono.

2. Agravo regimental provido.

(AgRg no Ag 1255432/RJ, Rel. Ministro JOÃO OTÁVIO DE NORONHA, QUARTA TURMA, julgado em 24/08/2010, DJe 09/09/2010)"

26.13 – Publicidade irregular. Prospecção de clientes.

"A infração disciplinar de angariação ou prospecção de clientes exige, para sua configuração, que reste demonstrado nos autos que o advogado efetivamente celebrou contratos de honorários diretamente por meio da utilização de terceiros ou de publicidade irregular (...) RECURSO N. 49.0000.2018.009057-2/SCA-PTU. Recorrente: A.A.M. (Advogada: Andrea Aparecida Milanez OAB/SP 307527). Recorrido: Conselho Seccional da OAB/São Paulo. Relatora: Conselheira Federal Francilene Gomes de Brito (CE)."

"A infração disciplinar de angariação ou captação de causas (art. 34, IV, EAOAB) restou devidamente comprovada e valorada pelas instâncias de origem à medida em que o advogado veiculou publicidade em rede social com a nítida pretensão de angariar causas específicas, de clientes lesados por empresas de telefonia. RECURSO N. 49.0000.2018.009635-8/SCA-PTU. Recorrente: L.P.J. (Advogados: Luciano Pedroso de Jesus OAB/MT 13382/O e outros). Recorrido: Conselho Seccional da OAB/Mato Grosso. Relator: Conselheiro Federal Elton Sadi Fülber (RO)."

"Angariação ou prospecção de clientes. Advogada vinculada a entidade sindical. Veiculação de publicidade em jornal de circulação local, alheia aos interesses da categoria. Divulgação de sucesso em demandas de ressarcimento de recolhimento de IPTU. Infração disciplinar configurada. RECURSO N. 49.0000.2017.011411-9/SCA-PTU. Recte: T.A.I.G. (Advs: Stenio Moreira Perini OAB/SP 214643 e Tonia Andrea Inocentini Galleti OAB/SP 177889). Recdo: Conselho Seccional da OAB/São Paulo. Relator: Conselheiro Federal Delosmar Domingos de Mendonça Junior (PB). EMENTA N. 069/2018/SCAPTU."

27 – MODELOS

27.1 – Modelo de Recibo de Pagamento de Autônomo - RPA

RECIBO

VR. SERVIÇO: R$_____

VR. ISS (___%): R$_____

VR. A RECEBER: R$_____

Recebi de _____, a importância de R$ _____ (_____), relativo à(s) seguinte(s) diligência(s):

1 –

2 –

3 -

*A quitação ocorrerá mediante a comprovação do efetivo pagamento.

_____/___, ___ de _____ de 20___.

_____,
OAB/___ nº _____.

Dados Bancários

Banco:

Agência:

Conta poupança ( ) / Conta Corrente ( ):

Favorecido:

CPF/CNPJ:

27.2 – Modelo de Planilha de Diligências

PLANILHA DE REEMBOLSO E PAGAMENTO DE CORRESPONDENTE										
								QUANDO DA REALIZAÇÃO DE AUDIENCIA		
CONTRATANTE	PROCESSO	CLIENTE	PARTE ADVERSA	DATA DO ATO	COMARCA	TIPO DE AÇÃO	ATO PRATICADO	ADVOGADO	PREPOSTO	VALOR DO ATO
								TOTAL DOS ATOS		R$ -

27.3 – Modelo de substabelecimento com poderes específicos

SUBSTABELECIMENTO COM PODERES ESPECÍFICOS

Substabeleço, com reservas de poderes, na pessoa da advogado _____, inscrito na OAB/___ sob nº _____, os poderes que me foram outorgados por _____, nos autos do processo nº _____, em trâmite perante a _____, da comarca de _____, COM FINALIDADE EXCLUSIVA para _____, sendo as intimações e/ou publicações mantidas em nome do substabelecente, sob pena de nulidade.

Este Substabelecimento considera-se revogado após 72hs de sua assinatura.

_____/___, ___ de _____ de 20___.

_____

27.4 – Modelo de autorização

AUTORIZAÇÃO

Eu, _____,
advogado(a), OAB/____ nº _____, com endereço na
_____,
AUTORIZO a pessoa de _____, cadastrado no
CPF/MF sob o nº _____, a realização dos seguintes atos:
_____
_____
junto aos autos do processo nº_____, em trâmite perante
a _____.

_____/___, __ de _____ de _____.

_____

27.5 – Modelo de Notificação Extrajudicial de cobrança de honorários

---

NOTIFICAÇÃO EXTRAJUDICIAL

I -   NOTIFICANTE:

[NOME], [CPF/CNPJ], [ENDEREÇO];

II -   NOTIFICADO:

[NOME], [CPF/CNPJ], [ENDEREÇO];

III -   DA NOTIFICAÇÃO:

Inobstante termos empreendido várias tentativas de acordo relacionado ao débito de Vossa Senhoria para conosco, constatamos que persiste o atraso referente ao pagamento do(s) seguinte(s) serviço(s) contratado(s):

_____
_____

A dívida hoje perfaz a quantia atualizada de R$ _____.

☐ ☐ ☐ O não-cumprimento acarreta ao DEVEDOR, em consequência, a responsabilidade por perdas e danos nos termos do arts. 389, 394 e 395 do Código Civil.

Sendo assim, **NOTIFICAMOS** Vossa Senhoria para que, no prazo máximo e improrrogável de 72 (setenta e duas horas), contados do recebimento desta missiva, diligencie no sentido de saldar sua dívida.

O descumprimento desta notificação implicará na tomada das medidas judiciais cabíveis, ficando Vossa Senhoria, desde já, CONSTITUÍDO EM MORA, para todos os fins previstos em lei.

Caso a obrigação acima mencionada já tenha sido regularizada, pedimos desconsiderar esta notificação.

_____/___, __ de _____ de _____.

----

28 – TABELAS DE HONORÁRIOS DA OAB

As tabelas transcritas nos tópicos seguintes, extraídas do site *https://blog.juriscorrespondente.com.br/tabelas-de-honorarios/*, demonstram que não há unanimidade entre as OAB's dos Estados da federação para os valores das diligências, bem como expõe que nem todas as OAB's possuem, ainda, tabela de honorários de correspondentes.

28.1 – Tabela de honorários de correspondência da OAB/AC

1) A presente tabela fixa honorários mínimos para a contratação dos serviços de correspondência, assim considerados aqueles em que há a contratação de advogado(a) ou escritório de advocacia por outro advogado(a) ou escritório de advocacia, para realização de atos isolados que não importem em advocacia de partido

ORDEM	DESCRIÇÃO	URH
1	Protocolo de petição incidental judicial e extrajudicial	0,4*
2	Protocolo de petição inicial judicial	0,7
3	Solicitação de documentos judicial e extrajudicial	0,7
4	Obtenção de cópias	0,6
5	Retirada e levantamento de alvará/guia de levantamento	1,4
6	Despacho com juiz, diretor de secretaria, delegado, membro do ministério público, secretário, e demais autoridades	2,1
7	Cumprimento de carta precatória	2,1
8	Acompanhamento de perícia	2,1

9	Audiência de conciliação ou inaugural no juizado especial	1,1
10	Audiência de conciliação ou inaugural na justiça do trabalho, justiça federal ou justiça comum	1,4
11	Audiência de instrução e julgamento no juizado especial	1,4
12	Audiência de instrução e julgamento na justiça do trabalho, justiça federal ou justiça comum	2,1

*O URH no Acre é de R$ 140,00 (cento e quarenta reais).

28.2 – Tabela de honorários de correspondência da OAB/AL

INDICATIVO	Valor Mínimo
1- PROTOCOLO DE AÇÕES E PETIÇÕES	
a) Protocolo/distribuição de ações (já incluso a diligência de emissão de guia de custas)	02 URH
b) Protocolo de petições extrajudiciais e judiciais incidentais	01 URH
c) Protocolo de documentos diversos (por ato)	01 URH
2- OBTENÇÃO DE DOCUMENTOS, RETIRADA E ENVIO DE GUIAS E ALVARÁS	
a) Através de cópias reprográficas ou digitalizadas em qualquer juízo ou repartição	
a.1 Até 200 cópias	01 URH
a.2 Acima de 200 Cópias	02 URH
a.3 Retirada e encaminhamento de guias e alvarás	01 URH
a.4 Recolhimento de custas	01 URH
3- PEDIDO DE CERTIDÕES	01 URH
4- EXAMES DE DOCUMENTOS E PROCESSOS EM REPARTIÇÕES PÚBLICAS	03 URH
5- EXAMES DE DOCUMENTOS E PROCESSOS PERANTE O JUDICIÁRIO	04 URH
6- SUSTENTAÇÃO ORAL	10 URH
7- ENTREGA DE MEMORAIS	03 URH
8- ACOMPANHAR CLIENTE A AUDIÊNCIA	
a) Na esfera judicial	
a.1 Audiência conciliatória	02 URH
a.2 Audiência de Instrução	04 URH
a.3 Audiência Una	05 URH
b) Na esfera administrativa	02 URH
c) Na repartição policial	04 URH

9- REQUERIMENTOS OU PETIÇÕES AVULSAS

a) Em assunto civil não litigioso	02 URH
b) Em assunto civil litigioso	04 URH
c) Em questões de caráter penal	04 URH
d) Em assuntos administrativos não contenciosos	02 URH
e) em assuntos administrativos de caráter contencioso	03 URH
f) Despacho com Juiz, Chefe de secretária, Polícia, Fazenda ou Membro do MP	03 URH
g) Acompanhamento de diligências não discriminadas na presente tabela	03 URH

10- ASSISTÊNCIA EM ESCRITURA PÚBLICA

a) de caráter administrativo	06 URH
b) de caráter judicial	07 URH
c) de caráter extrajudicial	05 URH

11- ACOMPANHAMENTO E DILIGÊNCIAS PARA EXAMES PERICIAIS

a) De caráter administrativo	06 URH
b) De caráter judicial	07 URH
c) De caráter extrajudicial	05 URH

12- VIAGENS E DIÁRIAS NO ESTADO

a) Diária profissional – independentemente das despesas de transporte, alimentação e estadia (mínimo)	02 URH
b) Deslocamento	1/3 do preço do litro do combustível por quilômetro

13- VIAGENS E DIÁRIAS FORA DO ESTADO

a) A diária profissional – independentemente das despesas de transporte, alimentação e estadia (mínimo)	7 URH

14- LOCOMOÇÃO

a) As despesas com locomoção deverão ser adiantadas pelo cliente ou, quando antecipadas pelo advogado, deverão ser reembolsadas de imediato, mediante comprovação.

As partes poderão dispor, em contrato, de um valor fixo para pagamento mensal dos trabalhos de correspondência realizados, independentemente da quantidade de atos.

A referida Tabela de Honorários de Diligências e Correspondências fixa valores de referência obrigatórios, sendo certo que o advogado pode contratar valores superiores aos registrados na tabela, sempre resguardando a dignidade da profissão e na conformidade do disposto no artigo 36 do Código de Ética e Disciplina da OAB.

Será considerada aviltante a prática de honorários abaixo dos limites fixados nesta tabela.

As diárias profissionais e as despesas de viagem, transporte, alimentação e estadia são independentes dos honorários profissionais pelos serviços prestados, devendo ser antecipadas pelo constituinte, no equivalente mínimo de duas diárias.

28.3 – Tabela de honorários de correspondência da OAB/AP

INDICATIVO MÍNIMOS	Valores(R$)
Protocolo/distribuição de ações	R$ 161,33
Protocolo de petições extrajudiciais e judiciais incidentais	R$ 107,55
Obtenção de cópias reprográficas ou digitalizadas até 200 cópias	R$ 161,33
Obtenção de cópias reprográficas ou digitalizadas acima de 200 cópias	R$ 268,88
Emissão e encaminhamento de guias e alvarás	R$ 107,55
Pedido de certidões	R$ 161,33
Entrega de memoriais	R$ 161,33

28.4 – Tabela de honorários de correspondência da OAB/AM

Tabela de diligências para atos avulsos e sem qualquer responsabilidade pelo acompanhamento do feito	Protocolização de petição judicial/extrajudicial	Honorários Mínimos R$ 140.00
	Distribuição de ação ou carta precatória	Honorários Mínimos R$ 210.00
	Recolhimento de custas	Honorários Mínimos R$ 140.00
	Solicitação de certidão ou outros documentos judicial ou extrajudicial	Honorários Mínimos R$ 140.00
	Obtenção de cópias reprografias e/ou digitais (para cada 200 cópias ou fração em adição ao reembolso de custos)	Honorários Mínimos R$ 140.00
	Retirada e envio de alvará/guias	Honorários Mínimos R$ 210.00
	Acompanhamento de diligências não discriminadas na presente tabela	Honorários Mínimos R$ 280.00
	Audiência de conciliação	Honorários Mínimos R$ 280.00
	Audiência de instrução e julgamento	Honorários Mínimos R$ 455.00
	Despacho com Juiz, Chefe de secretária, Polícia, Fazenda ou Membro do MP	Honorários Mínimos R$ 350.00
Advocacia de apoio com acompanhamento do feito, protocolo de petições e participação em audiências (tabela aplicável apenas se maior que o mínimo absoluto para atuação por substabelecimento no	Até 50 processos	Honorários Mínimos R$ 3,500.00
	Até 200 processos	Honorários Mínimos Mensais R$ 12,600.00
	até 500 processos	Honorários Mínimos Mensais R$ 24,500.00

Amazonas)	até 1000 processos	Honorários Mínimos Mensais R$ 42,000.00
	Mais de 1000 processos	Honorários Mínimos Mensais por processo na carteira R$ 39.90

28.5 – Tabela de honorários de correspondência da OAB/BA

INDICATIVO URH	VALORES	
18. ADVOCACIA DE CORRESPONDÊNCIA		
18.1 Audiência de conciliação	R$ 480,00	4
18.2 Audiência de Instrução	R$ 840,00	7
18.3 Diligência Processual	R$ 240,00	2

28.6 – Tabela de honorários de correspondência da OAB/CE

Art. 1º – Fica acrescido o item 17. ADVOCACIA POR CORRESPONDÊNCIA, com incisos de 17.1 a 17.23, ao "Anexo I – Tabela de Honorários", aprovada através da Resolução nº 17/2010 do Conselho Seccional da OAB, com a seguinte redação:

VALORES

17.1	Obtenção de cópias reprografias e/ou digitais (até 200 cópias)	1,5 UAD's*
17.2	Obtenção de cópias reprografias e/ou digitais (acima de 200 cópias)	3 UAD's
17.3	Protocolos em qualquer órgão público ou serventias	1,5 UAD's
17.4	Solicitação/retirada de certidões ou qualquer tipo de documento em órgãos públicos ou serventias	1,5 UAD's
17.5	Emissão de guias de custas	1,5 UAD's
17.6	Distribuição de ações ou recursos	1,5 UAD's
17.7	Despacho de petição	3 UAD's
17.8	Diligências para impulsionar processo judicial ou administrativo	2,5 UAD's
17.9	Diligência em Delegacia	3 UAD's
17.10	Audiência preliminar	3,5 UAD's
17.11	Audiência de conciliação	3,5 UAD's
17.12	Audiência de Instrução e Julgamento (Cível e Trabalhista)	5,5 UAD's
17.13	Audiência criminal preliminar	4,5 UAD's
17.14	Audiência Criminal de instrução e julgamento	6 UAD's
17.15	Audiência no PROCON ou outros órgãos administrativos	3,5 UAD's
17.16	Carga e envio de processo por correio	1,5 UAD's
17.17	Consulta de processo e posterior envio de relatório	3 UAD's
17.18	Obtenção de senha para acesso a processo eletrônico	1,5 UAD's
17.19	Monitoramento de movimentações processuais mensal	2 UAD's
17.20	Acompanhamento de cliente a órgão administrativo, judiciário ou policial	5 UAD's
17.21	Petição ou requerimento avulso perante qualquer autoridade ou repartição	5,5 UAD's

17.22	Diligência para impulsionar a expedição de alvarás	3 UAD's
17.23	Outras diligências	1,5 UAD's

Art. 2º – Fica acrescido ao final do item 17. ADVOCACIA POR CORRESPONDÊNCIA a seguinte Nota: "Não estão compreendidas no valor das diligências, despesas eventualmente antecipadas com estacionamento, deslocamento, custas e taxas judiciais, envio, cópias reprográficas, impressão e outras necessárias ao cumprimento da diligência, as quais deverão ser reembolsadas.".

Art. 3º – Esta resolução entra em vigor na data de sua publicação, revogadas as disposições em contrário.

*UAD é a Unidade Advocatícia utilizada como referência pela OAB/CE. Consulte o site oficial da OAB/CE para saber o valor atual da UAD.

28.7 – Tabela de honorários de correspondência da OAB/DF

Ato/Serviço	Valor (R$)
diligências em geral (cópias, apontamentos em qualquer órgão público, protocolo físico ou eletrônico de ações ou recursos, certificado digital, retirada de certidões), emissão de guias de custas e serviços correlatos.	VM* 1 URH
audiência em processo administrativo	VM 3 URH
diligências perante os Ministérios, Embaixadas ou Organismos Internacionais	VM 3 URH
diligência em órgãos policiais e análogos	VM 3 URH
diligência em unidades prisionais	VM 4 URH
audiência em Juizado Especial Estadual ou Federal: conciliação ou preliminar	VM 2 URH
audiência em Juizado Especial Estadual ou Federal: instrução	VM 3 URH
audiência em Juizado Especial Estadual ou Federal: UNA	VM 4 URH
audiência na Justiça Trabalhista: conciliação ou inaugural	VM 3 URH
audiência na Justiça Trabalhista: instrução ou UNA	VM 4 URH
audiência em outros Estados	VM 6 URH
acompanhamento de Sessão de Julgamento em Tribunal sem sustentação	VM 2 URH
análise ou consulta de processo e envio de relatório	VM 2 URH
pedidos de preferência, adiamento (por escrito ou em sistema)	VM 1 URH
requerimento e retirada de certidões de objeto e pé	VM 1 URH
*VM = Valor Mínimo	

28.8 – Tabela de honorários de correspondência da OAB/ES

#	Serviços	Valor
1	Protocolização de petição judicial/extrajudicial	1,5 URH
2	Distribuição de ação	1,5 URH
3	Distribuição de carta precatória	1,5 URH
4	Recolhimento de custas	1,5 URH
5	Solicitação de certidão ou outros documentos judicial ou extrajudicial	1,5 URH
6	Obtenção de cópias reprografias e/ou digitais (até 200 cópias)	1,5 URH
7	Obtenção de cópias reprografias e/ou digitais (acima de 200 cópias)	3 URH
8	Retirada e envio de alvará/guias	1,5 URH
9	Acompanhamento de diligências não discriminadas na presente tabela	2,5 URH
10	Audiência de conciliação	2,5 URH
11	Audiência de instrução e julgamento	5 URH
12	Despacho com Juiz, Chefe de secretária, Polícia, Fazenda ou Membro do MP	4 URH
13	Despesa de deslocamento fora da Comarca valor médio local do litro de gasolina por quilômetro rodado.	30% do
(I) Não estão compreendidas no valor das diligências despesas eventualmente antecipadas com estacionamento, deslocamento, custas e taxas judiciais, envio, cópias reprográficas, impressão e outras necessárias ao cumprimento da diligência, as quais deverão ser reembolsadas.		
Acesse o site da OAB/ES para saber o valor atual da URH.		

28.9 – Tabela de honorários de correspondência da OAB/GO

Indicativo	Valor
7.1 – fotocópias/digitalização – até 100 folhas	R$ 126,71
7.2 – fotocópias/digitalização – acima de 100 folhas por folha	Acresce R$ 0,20
7.3 – Protocolo (por ato)	R$ 126,71
7.4 – Audiência	
7.4.1 – conciliação – a hora (acresce R$ 75,00 por hora excedente à primeira)	R$ 314,65
7.4.2 instrução e julgamento – a hora (acresce R$ 100,00 por hora excedente à primeira)	R$ 501,65

28.10 – Tabela de honorários de correspondência da OAB/MA

Indicativo	Valor
1. AUDIÊNCIA DE CONCILIAÇÃO EM QUALQUER ÁREA COMO ADVOGADO OU PREPOSTO	R$ 385,00
2. AUDIÊNCIA DE INSTRUÇÃO E JULGAMENTO EM QUALQUER ÁREA COMO ADVOGADO OU PREPOSTO	R$ 770,00
3. EXTRAÇÃO DE CÓPIA DOS AUTOS (ATÉ 100 CÓPIAS)	R$ 110,00
4. DIGITALIZAÇÃO DOS AUTOS	R$ 130,00
5. PROTOCOLO DE PETIÇÃO INTERMEDIÁRIA EM QUALQUER ÁREA (PROCESSO FÍSICO OU PJE)	R$ 150,00
6. DISTRIBUIÇÃO DE AÇÃO EM QUALQUER ÁREA (PRIMEIRA INSTÂNCIA – PROCESSO FÍSICO OU PJE)	R$ 150,00
7. DISTRIBUIÇÃO DE QUALQUER RECURSO (PROCESSO FÍSICO OU PJE)	R$ 210,00
8. ACOMPANHAMENTO A CLIENTE EM REPARTIÇÃO POLICIAL POR ATO	R$ 600,00
9. DESPACHO COM JUIZ OU CHEFE DE SECRETARIA	R$ 300,00
10. DESPACHO EM QUALQUER ORGÃO PUBLICO	R$ 250,00
11. REQUERIMENTO DE CERTIDÕES OU QUALQUER OUTRO DOCUMENTO E ENVIO	R$ 150,00
12. RETIRADA/LEVANTAMENTO, ENVIO DE ALVARÁ	R$ 150,00
13. ACOMPANHAMENTO DE BUSCA E APREENSÃO DE VEÍCULO OU OUTROS BENS	R$ 500,00
14. DISTRIBUIÇÃO DE CARTA PRECATÓRIA	R$ 150,00
15. PREENCHIMENTO DE GUIAS E PAGAMENTO DE CUSTAS	R$ 150,00

28.11 – Tabela de honorários de correspondência da OAB/MT

Indicativo	Mínimo	Valor
1 – Diligencia em órgão administrativo, judiciário ou policial	0,5 URH	R$ 464,26
2 – Exame de autos junto a órgão administrativo, judiciário ou policial	0,5 URH	R$ 464,26
3 – Protocolo de petição ou requerimento	0,2 URH	R$ 185,70
4 – Fotocópia ou digitalização (mais despesas)	0,2 URH	R$ 185,70
5 – Audiências judiciais:		
5.1 – Juizado especial – conciliação	0,5 URH	R$ 464,26
Juizado especial – instrução	1,5 URH	R$ 1.392,77
5.2 – Justiça estadual/federal/trabalho – preliminar	0,5 URH	R$ 464,26
Justiça estadual/federal/trabalho – instrução	1,5 URH	R$ 1.392,77
Justiça estadual/federal/trabalho – encerramento	0,5 URH	R$ 464,26
6 – Audiências administrativas	1 URH	R$ 928,52
7 – Audiências ministério público	1 URH	R$ 928,52

Acesse o site da OAB/MT para saber o valor da URH.

28.12 – Tabela de honorários de correspondência da OAB/MS

Item	Indicativo	R$
1	Distribuição de petições em qualquer área	100,00
2	Distribuição de ação em qualquer área (primeira instância)	150,00
3	Distribuição de qualquer recurso	200,00
4	Conciliação	200,00
5	Audiência de instrução em qualquer área como advogado ou representante	300,00
6	Acompanhamento a cliente em repartição policial por ato	600,00
7	Despacho com juiz ou chefe de secretaria	350,00
8	Despacho em qualquer órgão público	350,00
9	Acompanhamento a cliente em exames periciais	600,00
10	Requerimentos de certidões ou qualquer outro documento e envio	200,00
11	Retirada/levantamento, envio de alvará	200,00
12	Acompanhamento de busca e apreensão de veículo ou outros bens	500,00
13	Extração de cópia de autos (até 100 cópias)	100,00
14	Digitalização dos autos	100,00
15	Acompanhamento de movimentação processual (processo físico ou PJE)	300,00
16	Distribuição de carta precatória	150,00
17	Preenchimento de guias e pagamentos de custas	150,00

28.13 – Tabela de honorários de correspondência da OAB/MG

	Diligência	Valor
a	Protocolo de petição em qualquer área	R$ 100,00
b	Distribuição de ação em qualquer área (Primeira Instância)	R$ 150,00
c	Distribuição de qualquer recurso (Agravos e etc.)	R$ 200,00
d	Audiência de conciliação em qualquer área, como advogado ou representante.	R$ 350,00
e	Audiência de Instrução em qualquer área, como advogado ou representante.	R$ 700,00
f	Acompanhar cliente em repartição policial – por ato	R$ 600,00
g	Despacho com juiz ou chefe de secretária	R$ 350,00
h	Despacho em qualquer orgão público	R$ 350,00
i	Acompanhar cliente em exames periciais	R$ 600,00
j	Requerimento de certidões ou qualquer outro documento e envio	R$ 200,00
k	Retirada /levantamento e envio de Alvará	R$ 200,00
l	Acompanhamento de Busca e Apreensão de Veiculo	R$ 500,00
m	Extração de cópias dos autos (até 100 cópias)	R$ 100,00
n	Digitalização dos autos	R$ 100,00
o	Acompanhamento de movimentação processual (processo físico ou PJE)	R$ 300,00
p	Distribuição de carta precatória	R$ 150,00
q	Preenchimento de guias e pagamento de custas judiciais	R$ 150,00

28.14 – Tabela de honorários de correspondência da OAB/PA

Diligência	Valor
PROTOCOLO DE AÇÕES E PETIÇÕES	
1.1. protocolo/distribuição de ações (já incluso a diligência de emissão de guia de custas)	R$300,00
1.2 protocolo de petições extrajudiciais e judiciais incidentais	R$200,00
OBTENÇÃO DE DOCUMENTOS, RETIRADA E ENVIO DE GUIAS E ALVARÁS	
2.1 através de cópias reprográficas ou digitalizadas em qualquer juízo ou repartição	
2.2 até 200 cópias	R$350,00
2.3 acima de 200 cópias	R$400,00
2.4 retirada e encaminhamento de guias e alvarás	R$200,00
PEDIDO DE CERTIDÕES	R$270,00
EXAMES DE DOCUMENTOS E PROCESSOS EM REPARTIÇÕES PÚBLICAS	R$425,00
EXAMES DE DOCUMENTOS E PROCESSOS PERANTE O JUDICIÁRIO	R$800,00
Sustentação Oral	R$2.500,00
Entrega de Memorais	R$450,00
ACOMPANHAR CLIENTE A AUDIÊNCIA	
8.1 na esfera judicial	R$950,00
8.2 na esfera administrativa	R$525,00
8.3 na repartição policial	R$1.050,00
REQUERIMENTOS OU PETIÇÕES AVULSAS	
9.1 em assunto civil não litigioso	R$525,00
9.2 em assunto civil litigioso	R$800,00
9.3 em questões de caráter penal	R$1.100,00
9.4 em assuntos administrativos não contenciosos	R$425,00
9.5 em assuntos administrativos de caráter contencioso	R$750,00
ASSISTÊNCIA EM ESCRITURA PÚBLICA	
10.1 de caráter administrativo	R$1.100,00
10.2 de caráter judicial	R$1.200,00
10.3 de caráter extrajudicial	R$800,00

ACOMPANHAMENTO E DILIGÊNCIAS PARA EXAMES PERICIAIS	
11.1 de caráter administrativo	R$1.100,00
11.2 de caráter judicial	R$1.200,00
11.3 de caráter extrajudicial	R$800,00

Disposições Finais:

As partes poderão dispor, em contrato, de um valor fixo para pagamento mensal dos trabalhos de correspondência realizados, independentemente da quantidade de atos.

A referida Tabela de Honorários de Diligências e Correspondências fixa valores de referência obrigatórios, sendo certo que o advogado pode contratar valores superiores aos registrados na tabela, sempre resguardando a dignidade da profissão e na conformidade do disposto no artigo 36 do Código de Ética e Disciplina da OAB.

Será considerada aviltante a prática de honorários abaixo dos limites fixados nesta tabela.

O indicador de honorários é expresso em valores monetários, não podendo ser reajustado mensalmente, salvo deliberação do conselho seccional da OAB/PA, sendo a atualização, em regra, anual.

Os valores constantes nesta tabela atualizar-se-ão pelo IGP-M (índice geral de preços – mercado) da fundação Getúlio Vargas ou por outro índice de correção monetária, a critério do Conselho Seccional da OAB/PA que promoverá a publicação, no valor em reais, através do Diário de Justiça ou no próprio sítio eletrônico oficial da OAB/PA.

Sala de Sessões do Conselho Seccional da Ordem dos Advogados do Brasil – Seção Pará, em 30 de junho de 2015.

28.15 – Tabela de honorários de correspondência da OAB/PB

17 – ADVOCACIA DE CORRESPONDÊNCIA

17.1 – ATOS E AUDIÊNCIA:

a) DILIGÊNCIA:

Processo Físico – Mínimo R$ 120,00 (4,3 URHs)

Processo Eletrônico – Mínimo R$ 80,00 (2,87 URHs)

b) AUDIÊNCIAS DE CONCILIAÇÃO NO FORO EM GERAL:

Mínimo: R$ 250,00 (9 URHs)

c) AUDIÊNCIAS DE CONCILIAÇÃO NA ESFERA ADMINISTRATIVA:

Mínimo: R$ 200,00 (7,18 URHs)

d) AUDIÊNCIAS UNA OU DE INSTRUÇÃO PARA O FORO EM GERAL:

Mínimo: R$ 450,00 (16,16 URHs)

e) AUDIÊNCIAS UNA OU DE INSTRUÇÃO PARA JUIZADOS:

Mínimo: R$ 350,00 (12,57 URHs

17.2 – AS PARTES PODERÃO DISPOR, EM CONTRATO, DE UM VALOR FIXO PARA PAGAMENTO MENSAL DOS TRABALHOS DE CORRESPONDÊNCIA REALIZADOS, INDEPENDENTEMENTE DA QUANTIDADE DE ATOS.

28.16 – Tabela de honorários de correspondência da OAB/PE

Diligência		Valor
18.1	Distribuição de petições em qualquer área	R$118
18.2	Distribuição de ação em qualquer área (primeira instância)	R$235
18.3	Distribuição de qualquer recurso	R$235
18.4	Audiência de conciliação em qualquer área como advogado ou representante	R$353
18.5	Audiência de instrução em qualquer área como advogado ou representante	R$588
18.6	Acompanhamento a cliente em repartição policial por ato	R$706
18.7	Despacho com juiz ou chefe de secretaria	R$412
18.8	Despacho em qualquer órgão público	R$412
18.9	Acompanhamento a clientes em exames periciais	R$706
18.10	Requerimentos de certidões ou qualquer outro documento e envio	R$235
18.11	Retirada/levantamento, envio de alvará	R$235
18.12	Acompanhamento de busca e apreensão de veículo ou outros bens	R$588
18.13	Extração de cópia de autos (até 100 cópias)	R$118
18.14	Digitalização dos autos	R$118
18.15	Acompanhamento de movimentação processual (processo físico ou PJE)	R$353
18.16	Distribuição de carta precatória	R$235
18.17	Preenchimento de guias e pagamentos de custas	R$176

28.17 – Tabela de honorários de correspondência da OAB/PI

Nº	DILIGÊNCIA	VALORES
1	Protocolo de Petição Inicial ou de Carta Precatória	R$ 150,00
2	Protocolo de Petição Incidental	R$ 120,00
3	Protocolo de qualquer Recurso	R$ 200,00
4	Audiência Extrajudicial	R$ 250,00
5	Audiência de Conciliação	R$ 300,00
6	Audiência de Instrução	R$ 500,00
7	Audiência de Conciliação – Juizados Especiais	R$ 250,00
8	Audiência de Instrução – Juizados Especiais	R$ 400,00
9	Audiência Una – Juizados Especiais	R$ 450,00
10	Acompanhamento em Exames Periciais	R$ 300,00
11	Despacho com Juiz	R$ 250,00
12	Despacho em qualquer Órgão Público	R$ 250,00
13	Requerimento de Certidões ou demais documentos	R$ 150,00
14	Relatório de movimentação processual	R$ 250,00
15	Acompanhamento de Busca e Apreensão	R$ 700,00
16	Extração de cópias dos autos ou Digitalização dos autos e demais documentos 0,30 por folha + Despesas de envio	R$ 100,00 + R$
17	Preenchimento de Guias e Pagamentos de Custas Judiciais	R$ 100,00
18	Deslocamento km/Rodado	R$ 2,50

28.18 – Tabela de honorários de correspondência da OAB/RJ

1 – Participação em audiência de conciliação ou instrução e julgamento - R$ 166,19

Obs.: 1. Os valores acima poderão sofrer um percentual de desconto, caso haja maior quantidade de audiências a serem realizadas pelo profissional no período de um mês, da seguinte forma:

1.1 – De 5 a 10 audiências, desconto de até 20%, do valor estabelecido no item 1

1.2 – De 11 a 20 audiências, desconto de até 35%, do valor estabelecido no item 1

1.3 – De 21 a 40 audiências, desconto de até 50%, do valor estabelecido no item 1

1.4 – Acima de 40 audiências, desconto de até 65%, do valor estabelecido no item 1

Obs.: 2. As partes poderão dispor em contrato de um valor fixo para pagamento mensal dos trabalhadores de correspondência realizados, independentemente da natureza ou quantidade de atos realizados, observando o item 1.2 da Tabela VI como mínimo mensal no momento da contratação.

28.19 – Tabela de honorários de correspondência da OAB/RS

Diligência	Valor
18.1 Audiência de conciliação	R$ 250,00
18.2 Audiência de Instrução	R$ 500,00
18.3 Diligências	R$ 150,00
18.4 Despacho com Juiz, Chefe de Secretaria/Escrivão, Polícia, Fazenda ou Ministério Público	R$ 300,00

28.20 – Tabela de honorários de correspondência da OAB/RO

Diligência		Valor
8.1	Distribuição de petições em qualquer área	R$ 100,00
18.2	Distribuição de ação em qualquer área (primeira instância)	R$ 150,00
18.3	Distribuição de qualquer recurso	R$ 200,00
18.4	Audiência de conciliação/mediação em qualquer área como advogado ou representante	R$ 350,00
18.5	Audiência de instrução em qualquer área como advogado ou representante	R$ 700,00
18.6	Acompanhamento a cliente em repartição policial por ato	R$ 600,00
18.7	Despacho com juiz ou chefe de secretaria	R$ 350,00
18.8	Despacho em qualquer órgão público	R$ 350,00
18.9	Acompanhamento a clientes em exames periciais	R$ 600,00
18.10	Requerimentos de certidões ou qualquer outro documento e envio	R$ 200,00
18.11	Retirada/levantamento, envio de alvará	R$ 200,00
18.12	Acompanhamento de busca e apreensão de veículo ou outros bens	R$ 500,00
18.13	Extração de cópia de autos (até 100 folhas)	R$ 100,00
18.14	Digitalização dos autos (até 100 folhas)	R$ 100,00
18.15	Acompanhamento de movimentação processual (processo físico ou PJE)	R$ 300,00
18.16	Distribuição de carta precatória	R$ 150,00
18.17	Preenchimento de guias e pagamentos de custas	R$ 150,00

28.21 – Tabela de honorários de correspondência da OAB/SC

Diligência	Valor
20.1 cópias em qualquer órgão público (com reembolso das cópias/digitalizações)	99,00
20.2 protocolos em qualquer órgão público ou serventias	89,00
20.3 retirada de certidões ou qualquer tipo de documento em órgãos públicos ou serventias (com reembolso das cópias/digitalizações	107,00
20.4 emissão de guias de custas	94,00
20.5 distribuição de ações ou recursos	101,00
20.6 carga e envio de processo por correio (com reembolso dos serviços postais)	134,00
20.7 consulta de processo e posterior envio de relatório	141,00
20.8 diligências para impulsionar processo judicial ou administrativo	155,00
20.9 entrega de memoriais	136,00
20.10 obtenção de senha para acesso a processo eletrônico	104,00
20.11 acompanhamento/agilização de diligência com oficiais de justiça	275,00
20.12 Monitoramento de movimentações processuais/mensal	129,00

28.22 – Tabela de honorários de correspondência da OAB/SE

ATO PRATICADO	HONORÁRIOS
Audiência de conciliação	R$ 300,00
Audiência de Instrução	R$ 600,00
DILIGÊNCIAS	R$ 150,00
Despacho com Juiz, Chefe de Secretaria/Escrivão, Polícia, Fazenda ou Ministério Público	R$ 500,00

28.23 – Tabela de honorários de correspondência da OAB/SP

Diligência		Valor
18.1	Distribuição de petições em qualquer área	R$ 105,58
18.2	Distribuição de ação em qualquer área (primeira instância)	R$ 158,36
18.3	Distribuição de qualquer recurso	R$ 211,14
18.4	Audiência de conciliação em qualquer área como advogado ou representante	R$ 369,50
18.5	Audiência de instrução em qualquer área como advogado ou representante	R$ 739,00
18.6	Acompanhamento a cliente em repartição policial por ato	R$ 633,43
18.7	Despacho com juiz ou chefe de secretaria	R$ 369,50
18.8	Despacho em qualquer órgão público	R$ 369,50
18.9	Acompanhamento a clientes em exames periciais	R$ 633,43
18.10	Requerimentos de certidões ou qualquer outro documento e envio	R$ 211,14
18.11	Retirada/levantamento, envio de alvará	R$ 211,14
18.12	Acompanhamento de busca e apreensão de veículo ou outros bens	R$ 527,85
18.13	Extração de cópia de autos (até 100 cópias)	R$ 105,58
18.14	Digitalização dos autos	R$ 105,58
18.15	Acompanhamento de movimentação processual (processo físico ou PJE)	R$ 316,71
18.16	Distribuição de carta precatória	R$ 158,36
18.17	Preenchimento de guias e pagamentos de custas	R$ 158,36

28.24 – Tabela de honorários de correspondência da OAB/TO

ITEM	DESCRIÇÃO	VALOR	URH
28.1	DILIGÊNCIAS EM GERAL		
28.1.1	Protocolo Físico / Administrativo / Eletrônico sem vinculação / Solicitar e retirar certificado digital / Solicitação e retirada de certidões / Emissão e recolhimento de guias de custas / Retirada, levantamento e envio de alvará	R$150,00	1,5
28.1.2	Apontamentos e acompanhamento em qualquer órgão público (Exames de Documentos/Papéis/Processos) – Extrajudicial	R$ 200,00	2
28.1.3	Apontamentos e acompanhamento em qualquer órgão público (Exames de Documentos/Papéis/Processos) – Judicia	R$ 300,00	3
28.1.4	Protocolo eletrônico (1º protocolo)	R$350,00	3,5
28.1.5	Demais protocolos eletrônicos do mesmo processo	R$100,00	1
28.1.6	Protocolo e distribuição de carta precatória	R$200,00	2
28.1.7	Protocolo e distribuição de recursos / incidentes processuais em 1ª instância	R$150,00	1,5
28.1.8	Protocolo e distribuição de ações / recursos / incidentes processuais em 2º instância e tribunais superiores	R$200,00	2
28.1.9	Acompanhar citação / notificação / intimação / interpelação e demais atos processuais	R$200,00	2
28.1.10	Análise ou consulta de processo e envio de relatório simples	R$200,00	2
28.2	CÓPIAS E CERTIDÕES		
28.2.1	Cópias	R$100,00	1
28.2.2	Retirada de certidões	R$150,00	1,5
28.3	ACOMPANHAMENTO E DILIGÊNCIA PARA EXAMES PERICIAIS		
28.3.1	Caráter administrativo	R$ 400,00	4
28.3.2	Caráter extrajudicial	R$ 300,00	3
28.3.3	Caráter judicial	R$ 500,00	5
28.4	AUDIÊNCIA ADMINISTRATIVA / MINISTÉRIO PÚBLICO		
28.4.1	Conciliação / instrução	R$ 400,00	4
28.5	JUÍZO CÍVEL (ESTADUAL OU FEDERAL), JUSTIÇA DO TRABALHO OU JUIZADO ESPECIAL CÍVEL		

28.5.1	Audiência do CEJUSC	R$200,00	2
28.5.2	Audiência de conciliação com ou sem acordo	R$200,00	2
28.5.3	Audiência de instrução, prosseguimento, oitiva de testemunhas ou una	R$ 300,00	3
28.6	JUSTIÇA COMUM E FEDERAL NA ESFERA PENAL, JUIZADO ESPECIAL CRIMINAL E DEMAIS		
28.6.1	Audiência de custódia	R$1.000,00	10
28.6.2	Audiência no JECRIM	R$800,00	8
28.6.3	Diligências em órgãos policiais em horário de expediente	R$600,00	6
28.6.4	Diligências em órgãos policiais fora do horário de expediente	R$800,00	8
28.6.5	Diligências em unidades prisionais em horário de expediente	R$800,00	8
28.6.6	Diligências em unidades prisionais fora do horário de expediente	R$1.000,00	10
28.7	OUTROS		
28.7.1	Entrega de memoriais sem despacho	R$150,00	1,5
28.7.2	Entrega de memoriais com despacho (por gabinete)	R$ 400,00	4
28.7.3	Entrega pedido de preferência, adiamento (por escrito) – sem despacho	R$200,00	2
28.7.4	Despachar com juiz ou desembargador	R$ 300,00	3
28.7.5	Despachar com secretário de vara ou assessoria	R$200,00	2
28.7.6	Acompanhamento de sessão no tribunal sem sustentação oral	R$ 400,00	4
28.7.7	Audiência ou despacho em comarca acima de 50 km de distância do domicílio profissional do advogado R$ 100,00 + despesas de locomoção aos valores acima referidos	Acrescenta-se	
28.7.8	Acompanhamento de busca e apreensão de veículos	R$350,00	3,5
28.7.9	Acompanhamento ou realização de quaisquer outros procedimentos e diligências não descritos nesta tabela	R$150,00	1,5
28.7.10	Outros procedimentos previstos na tabela	Mínimo de 40% sobre o item específico	

29 – BIBLIOGRAFIA

1 – *https://conceito.de/diligencia* - Publicado em 2014.

2 - *https://blog.sajadv.com.br/prospeccao-de-clientes-advocacia/*

3 – MARQUES, Cláudia Lima. Contratos no Código de Defesa do Consumidor: O novo regime das relações contratuais, São Paulo: Editora Revista dos Tribunais, 6ª Edição, 2011. P. 108.

4 - CHAVES, Roosenvald, 2015, p. 05

5 – *https://jamilejambeiro.jusbrasil.com.br/artigos/702076760/como-os-advogados-brasileiros-podem-advogar-em-portugal-e-as-perspectivas-no-mercado-de-trabalho* - por Jamile Jambeiro.

6 – *https://maioresde30anos.blogs.sapo.pt/tabela-de-honorarios-advogado-20469* - por Cunha Ribeiro.

www.correspondenteassessoria.com.br

7 - *www.helphub.com.br*

8 - *https://blog.juriscorrespondente.com.br/o-que-e-um-correspondente-juridico/*;

9 – *https://juridicocerto.com/o-que-e-correspondente-juridico*

10 – *https://correspondentesnaweb.com.br/*

11 – *http://blog.adlogados.com/o-que-e-diligencia-judicial/*

12 – *https://www.migalhas.com.br/dePeso/16,MI270297,11049-Honorarios+advocaticios+saiba+calcular+corretamente*

13 – *https://fatimaburegio.jusbrasil.com.br/artigos/572640711/e-ai-vai-atuar-como-correspondente-juridico-otima-escolha-mas-fique-ligado-nestas-dicas*

14 - *https://blog.juriscorrespondente.com.br/tabelas-de-honorarios/*

15 - *https://blog.juriscorrespondente.com.br/4-estrategias-de-marketing-digital-para-advogados-correspondentes/*

16 - https://paulobyron.jusbrasil.com.br/artigos/509900946/comentarios-acerca-das-infracoes-e-sancoes-disciplinares-eaoab

17 - *https://www.jusbrasil.com.br/jurisprudencia/*

www.ingramcontent.com/pod-product-compliance
Lightning Source LLC
Chambersburg PA
CBHW081429220526
45466CB00008B/2321